整合的力量

ZHENG HE DE LI LIANG

走向核心素养的小学语文教学

姚雪晴 著

山东城市出版传媒集团·济南出版社

图书在版编目(CIP)数据

整合的力量：走向核心素养的小学语文教学／姚雪晴著. —济南：济南出版社,2022.9
ISBN 978 - 7 - 5488 - 5214 - 8

Ⅰ.①整… Ⅱ.①姚… Ⅲ.①小学语文课—教学研究 Ⅳ.①G623.202

中国版本图书馆 CIP 数据核字(2022)第 174787 号

出 版 人	田俊林
责任编辑	李冰颖　姜海静　郑红丽
封面设计	陈致宇
出版发行	济南出版社
地　　址	山东省济南市二环南路1号
印　　刷	济南新科印务有限公司
版　　次	2022年9月第1版
印　　次	2023年1月第1次印刷
成品尺寸	170 mm × 240 mm　16开
印　　张	11.5
字　　数	190千
定　　价	58.00元

(济南版图书,如有印装错误,请与出版社联系调换。联系电话:0531 - 86131736)

卷首语

2022年4月，教育部印发了《义务教育课程方案和课程标准（2022年版）》，这是自2001年国家第八轮基础教育课程改革以来的第三次课标修订。阅读最新版的语文课程标准，回忆自己曾经研究过的历届《语文教学大纲》《义务教育语文课程标准》，欣然认为，这是最精粹的语文课程标准，是最符合中国国情的语文课程标准。转念又想，难道过去的大纲、课标有不符合国情之嫌吗？不对！历史是在接续中前进的，改革也是在传承中创新的。每一次课程标准的改革和颁布，一定担当着那个时代的使命和责任。每一个时代的进步都是踩在上一个时代的肩膀上走出来的，没有前者就没有后者。

我从1986年从事语文教学工作，至今已36年。我亲身经历了从20世纪末到21世纪初中国义务教育语文教学改革之路，不禁思考，改革留下了什么呢？有什么可以证明这一段经历和探索是在接续中发展进步的呢？我获得"小学语文特级教师"称号也有21年了，该如何给自己钟爱的教育事业一个专业的交代呢？

故成此书，以慰初心。

序

1999年，我在宁夏石嘴山惠农区一所乡村小学教四年级的一个班。同年夏天，县区小学教学水平统一抽测中，全班48人应考，结果1/4不及格，平均成绩也在全县倒数。我一下子跌落到事业的低谷，感到困惑、迷茫而无助。全县教育工作总结大会上，局长以我为反例，对教研室的工作提出了质疑："你们教研室这几年的工作到底做得怎么样？那个姚雪晴的教研工作不是走在全县最前列吗？她的成绩为什么没上来？她到底是不爱教还是不会教？"这件事作为个案在全县引起了不小的反响。

带着这一次沉痛的教训，我整整反思了三年。那三年，我意识到，真正的反思是要在勇敢的自我否定中走向蜕变的。破茧成蝶，需要沉寂一个漫长的冬天，忍受无声的孤独和寂寞。正是有了这痛彻心扉的反思，我更加重视三维目标的整合与平衡。2001年，当年的那群孩子小学毕业时，语文及格率100%、平均分82分。我终于找回了自己，走出了事业的低谷。

全国教育科学"十五"规划2003年课题申报开始后，我一下子被课题指南中基础教育类的《语文新课程知识、能力、态度整合功能的研究》这项课题吸引住了，我决定要把这个课题锁定在小学语文的范围内去申报研究。在这项课题的申报过程中，我系统地钻研了课标及相关资源，对新课程改革的理念、目标设计思路、学段设计思路，以及语文学科的性质和时代特征都有了比较深刻的认识和把握。在理论研究的基础上，我反思了自己十几年的语文教学经验，对课题进行了深入细致的设计论证；站在课题研究的高度上，反观、审视过去的教学案例，思考成功、失败的原因分别是什么。三年前那一次失败，就是因为我在语文教学中忽略了知识、能力、态度的整合，我过分关注了他们学习的态度、兴趣、情感，而淡化了知识的扎实历练，造成了知识、能力、态度的割裂，三维目标因失序而失衡，导致教学质量的阶段性下滑。

这三年的反思成了我教育科研的一笔财富，因为《小学语文新课程知识、能力、态度整合功能的研究》这个科研课题，我的教学有了清晰的思路、明确的目标。2003年8月，我从乡村小学走出来，调入宁夏银川市中心区的一所品牌小学，接了一个五年级的班级。接班时，一位即将退休的老教师向我交了底："这个班有2/3的差生，平时考试成绩比平行班低十几分，你看，我把差生都放在中间一大组，把最好的座位都给了他们……"我环顾这个63人的班集体，没有说话。一学年后，这个班以平均分92分的语文成绩名列学校平行班榜首。同事都很震惊，甚至教导处也重审了试卷，唯有我自己清楚，在小学语文教学中，知识、能力、态度必须相互整合，谁在这个三维目标的平衡度上把握得好，谁就会获得成功。

2003年12月，我的课题被教育部教育科学规划领导小组批准立项了，这项课题我独自一人研究了6年才结题。第7年，课题研究成果《寻找小学语文三维整合新境界》荣获中国教育学会小学教育专业委员会组织的基础教育教学成果评比一等奖。

当年,三维目标在若隐若现中变换成了美丽的风景,召唤着我,让我不舍昼夜、呕心沥血,寻找三维整合点。历经二十年,我终于在崎岖坎坷中探寻出了一条弯弯曲曲的路。

是为序。

目 录

第一部分　探索小学语文教学三维整合的策略

第一章　三维整合说 ··· 2

第二章　三维整合的纵向序列 ··· 3

　　第一节　纵向序列说 ··· 3

　　第二节　汉语拼音的整合建构 ····································· 4

　　第三节　汉字的整合建构 ·· 5

　　第四节　词语的整合建构 ·· 7

　　第五节　句的整合建构 ··· 8

　　第六节　段的整合建构 ·· 10

　　第七节　篇的整合建构 ·· 12

　　第八节　单元的整合建构 ··· 15

　　第九节　全册教材的整合建构 ··································· 17

　　第十节　全套教材的整合建构 ··································· 19

第三章　三维整合的横向序列 ·· 22

　　第一节　横向序列说 ··· 22

　　第二节　寻找横向序列整合点 ··································· 22

1

第二部分　开发小学语文教学三维整合功能

第一章　整合是小学语文教学的本质需要 …………………… 30
　　第一节　整合是小学语文新课程的内在功能 ………………… 30
　　第二节　整合是语文学习的内在需要 ………………………… 31
　　第三节　整合是辩证统一的 …………………………………… 31

第二章　开发小学语文教学资源的整合功能 ………………… 33
　　第一节　教师成长中专业素养的三维整合原理 ……………… 33
　　第二节　学生学习心理中的三维整合原理 …………………… 34
　　第三节　开发显性课程的整合功能 …………………………… 34
　　第四节　开发潜在课程的整合功能 …………………………… 41
　　第五节　开发综合实践活动课程的整合功能 ………………… 43
　　第六节　开发语文学习与生活的整合功能 …………………… 44

第三部分　寻找小学语文教学的三维整合平衡度

第一章　探寻平衡度的辩证法 ………………………………… 48
　　第一节　平衡度的辩证观 ……………………………………… 48
　　第二节　人的综合发展观 ……………………………………… 48
　　第三节　人文性与工具性统一观 ……………………………… 49
　　第四节　输入与输出平衡观 …………………………………… 51

第二章　教师在三维目标整合中的杠杆作用 ………………… 54
　　第一节　建构单元教学内在联系 ……………………………… 54
　　第二节　领悟教材育人内涵 …………………………………… 56
　　第三节　融入学生思维的互动创造 …………………………… 57

第三章　三维目标割裂反思 …………………………………… 59
　　第一节　由考场习作引发的反思 ……………………………… 59
　　第二节　关于"语文味儿"的反思 …………………………… 61

第四部分　寻找语文教学三维目标整合点

第一章　最能体现三维整合功能的语文资源在哪里 ······ 66
- 第一节　发现综合性学习的价值 ······ 66
- 第二节　整合是阅读教学中随处可以发生的 ······ 67
- 第三节　寻找小学语文综合性学习的多样主题 ······ 69

第二章　语文教学三维整合的点在哪里 ······ 75
- 第一节　语文教学已进入了元素建构时代 ······ 75
- 第二节　语文元素说 ······ 76
- 第三节　教材插图中的语文元素 ······ 77
- 第四节　在窦桂梅老师的课堂上发现语文元素的魅力 ······ 78
- 第五节　在中国香港老师的课堂上发现了另一种语文元素 ······ 81
- 第六节　发挥"种子性语言"的爆发力 ······ 82

第三章　找到三维整合点,创造语文教学新境界 ······ 85
- 第一节　在单元复习中寻找三维整合点 ······ 85
- 第二节　走进《西游记》,寻找三维整合点 ······ 88

第五部分　问思辨大概念大单元统整三维目标

第一章　三维目标迭代说 ······ 92
- 第一节　《义务教育语文课程标准(2022年版)》规划的课程实施框架分析 ······ 93
- 第二节　一年级语文教学可以开展单元整合吗 ······ 94
- 第三节　一场风波 ······ 95
- 第四节　以人文思想为主线整合大单元 ······ 97
- 第五节　发现语文教学整合的支点 ······ 99
- 第六节　以思维发展为线索进行大单元整合 ······ 101

第二章 建构问思辨教学模型 ······ 106

第一节 基于互联网思维建构问思辨教学模型 ······ 106

第二节 以大概念统整大单元策略 ······ 115

第三节 设计问思辨"一案三单" ······ 119

第四节 为什么要给语文教学确立单元大概念 ······ 140

第五节 如何确立单元大概念 ······ 143

第六节 大概念之"大"如何验证 ······ 147

第七节 大概念是大单元教学中天然的存在 ······ 151

第八节 如何处理超学科概念和学科概念的关系 ······ 153

第九节 问思辨教学的三种境界 ······ 160

第十节 启动大概念指向的语文教学 ······ 165

参考文献 ······ 172

第一部分

探索小学语文教学
三维整合的策略

第一章　三维整合说

　　语文素养是指学生热爱祖国语言文字的思想感情，正确理解和运用祖国语言文字的能力，以及丰富的语言积累、丰满的语感、良好的思维品质，健康的品德修养和审美情趣，良好的个性和健全的人格等。如何全面提高学生的语文素养，把"语文素养"这一综合性概念诠释在语文教学中呢？这就需要对知识、能力、态度三维目标进行整合。该三维目标与《义务教育语文课程标准（2011年版）》中所设计的三维目标——知识与能力、过程与方法、情感态度与价值观是相对应的。整合不仅仅是你中有我、我中有你，还是你为了我、我为了你，我们共同合作，实现 1 + 1 + 1 > 3 的理想境界。语文素养本身就是综合、立体、有机的，其诸方面是相辅相成、不可分割的。所以语文教学需要整合，否则无法实现学生语文素养的全面提高，也无法让语文教学上升到追求真善美的境界。

第二章 三维整合的纵向序列

第一节 纵向序列说

小学语文的学习从汉语拼音、汉字开始，逐步扩展到词、句、段、篇，是一个由浅入深、由低到高、由简单到复杂的渐进过程。在这个螺旋式上升的过程中，我们始终遵守着循序渐进的原则。这其中的"序"，就是知识形成到发展的过程。三维整合亦遵循这样一个知识发展的序列。比如，汉字的教学整合好了，就自然螺旋上升到词语，为词语的整合积淀可持续发展的势能；词语的教学整合好了，就自然上升到句，为句的整合积淀可持续发展的势能……依此类推，树立纵向整合思维，真正建构语文素养的高度和深度。

表面上看，三维整合的纵向序列是以知识为基础的，实际上，整合的真正含义是以学生的发展为本，通过情感态度与价值观把物化的知识激活，赋予知识以生命的意义。这个方法和过程，也正是引导学生成长与发展的方法与过程。比如，汉字的整合，不能只将其看作由横、竖、撇、捺等组合成的符号，要把它看作美妙的图画、奇妙的组合，看作有色彩、有声音、有气味、有感情的小精灵。这样走进汉字的世界，就有了另一种境界。通过整合，学生不再枯燥单调地学习知识，而是伴随着审美的享受、交往的享受、创造的享受，得到全面、立体的发展。

第二节　汉语拼音的整合建构

汉语拼音是辅助汉字读音的工具，要在启蒙阶段让汉语拼音准确而有意义地建构在学生的头脑中，仅仅教会学生认读21个声母、39个韵母，并能够把声母、韵母互相搭配起来拼读成音节是远远不够的，还要在知识的创造、起源、运用等方面给予学生启蒙、熏陶和感染，让汉语的根在学生心里扎下，让汉语丰富多彩的意韵在学生的情感深处积淀起来。

如何实现这样的教学目标呢？这就要求我们在汉语拼音教学的过程中，将知识、能力、态度整合起来。下面，以韵母"an"的教学举例说明。

1. 引导学生借助熟悉的单韵母 a、声母 n 学习发音，在教会学生发音的同时，还能让学生体会汉语拼音鼻韵母的组合规律，感受汉语拼音发音的自然、连贯、通顺，以及其音韵之美。

2. 把 an 作为学习汉语拼音的有效部件，尝试将它与所有声母进行组合，组成音节、组成词语。在这一过程中引导学生运用汉语拼音发音的技巧，声韵结合，锻炼拼读汉语拼音的能力，再次体验汉语拼音的发音规律、发音乐趣，培养学生对汉语拼音的兴趣和情感。

3. 练习用 an 韵的音节组词、造句、创造儿歌。如：

wān（弯）

↓

弯（wān）弯（wān）的月亮

↓

弯（wān）弯（wān）的月亮挂在天（tiān）上
好像天（tiān）空笑开的嘴巴

↓

月儿弯（wān）弯（wān）两头尖（jiān），
　摇啊摇啊挂蓝（lán）天（tiān）；
菱角弯（wān）弯（wān）两头尖（jiān），
　长啊长啊在水边（biān）；

牛角弯（wān）弯（wān）两头尖（jiān），
哞啊哞啊在耕田（tián）；
山路弯（wān）弯（wān）在眼前（qián），
穿（chuān）啊穿（chuān）啊出青山（shān）。

音节、词语、句子、儿歌，一连串的创造，犹如把一个音符放进五线谱中，让它有了韵律，有了生命，有了魅力，从而激发起学生学习汉语拼音、持续探究汉语的兴趣，以及热爱汉语言的情感。汉语拼音读、写、拼的知识；运用汉语拼音识字、读写、开发思维的能力；借汉语拼音体验汉语的音韵美，感受组合搭配汉语拼音的乐趣，培养热爱汉语言的情感态度——我们将这三个维度的目标进行整合，教学过程饱满而富有乐趣，调动了学生的综合感知能力，更好地提升了学生的语文综合素养。如上所述，整合，创造了汉语拼音教学的生动快乐，让汉语拼音的教学变得美丽动人。

第三节　汉字的整合建构

汉字的造字规律蕴含着中华民族传统文化的底蕴。有一首歌唱得好："最爱说的话呀永远是中国话，字正腔圆落地有声说话最算话；最爱写的字是先生教的方块字，横平竖直堂堂正正做人也像它……"汉字是最具传统性、民族性的文化基础，汉字教学不仅要让学生读准字音、认清字形、了解字义，还要让学生认识到汉字就是建筑汉语大厦的"一砖一瓦"，体验运用汉字遣词造句、表达意思的创造乐趣，通过汉字的造字规律、书写特点感受汉字的独特魅力，接受民族文化、精神的浸染和陶冶，培养对汉字亲近、依恋的情感。

如何实现这些教学目标呢？下面，我将举例谈谈汉字教学中整合的策略。

"山"是学生在幼儿园里就读过的汉字，读准字音、认清字形已经没什么问题了。小学学习这个字时，教师就要在了解字义上下功夫，在这个过程中实现知识、能力、态度的整合，使学生把"山"字立体化地建构在自己的意识里。以下为具体做法。

1. 用"山"字组词，把"山"形象化

引导学生把"山"字放在前面、放在中间、放在后面分别组词，如：山泉、山花、山歌，找山泉、采山花、唱山歌，登山、看山、下山……这个过程不仅是在引导学生理解"山"，更是在训练学生的想象思维。在没有任何图画与实物可以凭借的情况下，如何使学生在课堂氛围的感染下，从自己的记忆中搜索出大量与山有关的词语呢？这就要靠老师在课堂上创设情境、激发学生兴趣了。当学生说出"山泉"这个词语时，老师要即时与学生产生共鸣："啊，老师仿佛听到哗啦啦的山泉在流淌！"当学生说出"冰山"这个词语时，老师要为学生的想象力而惊叹："啊，你是怎样想到冰山这个词语的呢？你认识好多山呀！"用激励性的评价打开学生记忆、想象的大门，引导学生从不同角度搜索有关山的词语。不同的个体想象，不同的词汇来源，会使"山"字组成一个有词意联系的词串、一个立体的词汇板块，建构成一个博大、宽广的概念，留在学生的记忆里。

2. 了解祖国的山，把"山"具体化

引导学生通过各种方式搜集、了解祖国的名山，记住几个山的名称，如喜马拉雅山、黄山、泰山、峨眉山等。同时，老师可以借助多媒体为学生展示一些山的外貌、风景，让学生在了解字义的同时，感受山的意志、山的气魄，理解字中的意境，培养对祖国山水的自豪感。

3. 写出山的个性、山的筋骨，把"山"拟人化

当学生了解了山的概念，对山形成一定的情感态度后，就要指导学生写好"山"字。指导过程中，要按照田字格的占位，一笔一画地指导——横拉平，竖拉直，写得端端正正，就像山的稳稳当当。这个过程不仅是在教学生写好汉字，更重要的是培育学生的民族气质，让学生从小学会挺起脊梁，有山的个性、山的筋骨，不向任何困难低头，堂堂正正，威武不屈。

在教导学生写好"山"字的同时，还要启迪学生的悟性。"山"字虽然只有三笔，但我们看到的山，在朴实与自然中藏着无穷的美，将来有机会一定要去爬一爬祖国的各大名山，我们要站在高山上看世界，看地球，看宇宙。

这就是"山"字的整合建构，在这个过程中，不仅教会了学生这个汉

字的书写方法，而且把"山"这个汉字所蕴含的汉语言的工具性、人文性都统一起来，建构在学生的意识里、人格里。

第四节 词语的整合建构

词语是组成语句文章的最小组词结构形式单元，其蕴意深刻而含蓄，并且随着语言环境的变化而变化。因此，词语的教学也需要整合。以下是词语教学过程的整合层次。

1. 要把词语作为汉字和句子的纽带

所谓"字不离词，词不离句"，就是指把词语作为学习汉字和创造句子的纽带。组词是对汉字的运用，造句则是对词语的运用。学习词语时，要学以致用，在用中理解，并深入地学、创造地学，在学用结合的过程中提高能力，培养正确的学习态度。这种整合是学习词语的基础，即学会词语，并初步理解它的基本用处。

2. 把词语作为理解段落意思的中心

在文章中，一个段落往往是围绕着一个词语来写的，这个词语就是这一段的中心词。学生阅读一段文字之后，教师要先引导学生捕捉本段的中心词语，然后再引导学生根据段落内容将中心词语的意思具体化。经历了这两个过程，学生对这个词语就有了一定的理解，而且，这个词语的含义会以非常饱满的形象或者非常清晰的过程存在于学生的脑海中。这样理解词语，相关的知识、能力、态度都能够得到整合。

以《海底世界》第三自然段为例："海底是否没有一点儿声音呢？不是的。海底的动物常常在窃窃私语。你用水中听音器一听，就能听见各种声音：有的像蜜蜂一样嗡嗡，有的像小鸟一样啾啾，有的像小狗一样汪汪，还有的好像在打鼾……它们吃东西的时候发出一种声音，行进的时候发出另一种声音，遇到危险还会发出警报。"

这一段就是围绕着"窃窃私语"这个词语来写的，通过一组排比比喻句把海底的声音写得十分生动形象。当我们引导学生想象海底的动物在怎样窃窃私语时，这个词语就变成了具体的形象、真实的情景，它的意思也通过学生的感官内化，形象地树立在学生的大脑中了。今后再遇到或运用这个词语时，学生就会凭借这样一种形象化的理解去演绎，创造出更动人的情境。这种整合是引导学生感知词语的意蕴和形象，并在感知的过程中发展思维，使学生学会抽象分析，培养理解语言的思维能力。当这个词语建构在学生的意识中时，它便能与学生的情感、兴趣联系起来，让知识在学生的头脑中活起来。

3. 把词语作为透视课文的眼睛

许多精粹的课文中都有一个或两个词语统领整篇课文内容，我们称这种词语为文眼。有的文眼就在题目中，如《富饶的西沙群岛》中，"富饶"就是文眼。还有的文眼却隐含在课文中，如《林海》中，全文都是围绕着"亲切、舒服"这两个词语来写的，而这两个词语也在课文中多次出现；《一夜的工作》中，全文都是围绕着"劳苦、简朴"这两个词语来写的，最后还用这两个词语做了总结，起到了画龙点睛的作用。

教学中，我们要有意识地引导学生去发现文眼，并抓住文眼来理解课文的内容，了解作者的构思，感受文章所表达的情感。文章其实也是作者知识、能力、态度相整合的结果，如果一个词语能够让学生透视出文章丰满的内涵，那么学生对这个词语的理解就到位了，印象也会十分深刻。在这里，词语其实就浓缩了汉语的特点，浓缩了文章的内容、思想情感，浓缩了学生知识、能力、态度的三维整合。

第五节　句的整合建构

句子是语言运用的基本单位，所以，我们从一年级开始，就要训练学生感知完整的句子——说话要说完整话，造句要造完整句。在完整的基础上，引导、启发学生创造具体、生动、形象的句子，这既锻炼了学生运用学过的字词知识去表达意思的能力，又发展了学生的形象思维和逻辑思维，还能培养学生对汉语的兴趣和情感。

例如，"太阳出来了""月亮挂在天空"，学习这一类句子时，要引导、启发学生运用童话的语言将平淡无奇的事物人性化，使句子更加生动形象，让读者感到愉悦。

1. 引导学生创造比喻句，如："太阳像个好奇的大熊猫从东方的地平线上慢慢地探出头来，张望着大地。""天上的云朵就像一床暖和的大棉被，太阳一出来，月亮就在云朵里睡觉。"

2. 启发学生创造拟人句，如："太阳努力了整整一夜，终于跳出了海面，你看他，脸都憋红了。""月亮在天上和一群星星捉迷藏，一会儿露出半个脸，一会儿又藏起来。"

3. 鼓励学生创造夸张句，如："海里的鱼真多啊，一条条都被挤得扁扁的。""天上的乌云又浓又重，仿佛它一掉下来，就会把地球砸个大窟窿。"

4. 启发学生创造排比句，抓住课文中的艺术空白引导学生展开想象，运用排比句的形式巧妙补白。

如：学习古诗《游园不值》时，可以抓住"春色满园关不住，一枝红杏出墙来"这一千古名句，引导学生想象满园的春色究竟是什么样的。互相讨论交流、思维碰撞之后，再要求学生利用这一个艺术空白点来创造出一串串生动形象的排比句：

"你看那满园春色争奇斗艳。连翘花举起手臂，吹起了小喇叭；苹果花相互簇拥着，笑得前仰后合；迎春花扭动着腰肢，展现着优美的舞姿……"

"听说友人的园子春意盎然，我欣然前往。走进那柴门，啊！青青的苔藓铺满了园子，连落脚的空隙都没有；红红的花儿堆满了园子，连树叶都看不见了；翩翩的蝴蝶飞满了园子，我的眼睛都看花了……"

除此之外，还可以借助课文中的例句，引导学生用关联词仿造复句，把句子的逻辑关系理顺，提高句子表达的连贯性、通顺性、准确性。

如：用"有的……有的……"造句，首先必须要有前提条件，即什么时间、什么情况下；其次，每一个分句所表达的意思不能互相包含，内容必须相对独立。例：学校举行"我参与我快乐"社会实践活动，同学们有的在摆摊卖风味小吃；有的在设计水果拼盘；有的在自制烧烤；还有的在制作陶泥工艺品，并大声地宣传叫卖。

创造复句不仅能锻炼学生的逻辑思维能力，而且能够提高学生的语言组织能力，这是培养学生汉语言深层修养的有效途径。

句子的整合建构灵活，机动性很强，从低年级到高年级，随时都可以捕捉到训练点指导学生进行创造。由于它的训练难度小，只要能够激发学生的兴趣，学生就会把这项训练当作一种文字游戏去积极参与，这对培养学生的语言兴趣、积累语言基础十分有利，学生的语言运用能力也会日益增强。

第六节　段的整合建构

段是一个完整的意义表达单位，是围绕一个意思组合起来的句群。在段的教学中，要落实整合的理念，首先必须从读入手。

1. 让学生对意义段有一个明确的概念

指导学生给课文划分段落、概括段落大意时，应该有明确的目的，不能为分段而分段，要引导学生弄清楚自然段与自然段之间的联系，建立意义段的概念，明确每一篇文章都是意义段的衔接、组合，每个意义段集中表达一个意思，每个自然段都有自己的表达任务。围绕一个意思写成的意义段，意思要清楚、明白、具体。有了这个知识做基础，就可以引导学生在段的学习中把知识、能力、态度整合起来。

2. 训练学生围绕一个意思写清楚、写具体的基本功

指导学生围绕一个意思写片段，把意思写清楚、写明白、写具体，而且有一定的逻辑顺序和条理性，为学习写作打下基础。例如：你喜欢什么颜色？为什么喜欢？喜欢到什么程度？要求学生围绕自己喜欢的颜色从这三个层次着笔，写出一个内容清楚明白、语言富有条理的片段。再如："天气真冷啊！"要求学生围绕一个"冷"字，从三至五个方面描写自己对冷的观察和感受，写出一个形象生动的总分段。教师要从中年级开始有意识地对学生进行训练，激发学生的语言潜能和思维潜能。

3. 指导学生写出高水平的段落

（1）抓住课文中留有艺术空白的段进行个性化理解补白，把这一段文字写具体，写生动。

例如，《一件珍贵的运动衫》的结尾处留了一个可供人想象的艺术空

白，小男孩放弃买自己一心向往的胸前印有大角麋鹿图案的运动衫，为邻居老人买来了一双软皮鞋，当他把这双软皮鞋送到老人手里的时候，老人捧着礼物，感动得热泪盈眶。随后，老人也捧出了一件礼物送给小男孩，小男孩没有想到，老人用自己心爱的小狗换了小男孩想要的那件运动衫。小男孩收到礼物会有什么反应、什么举动，课文没有具体写。这就是一个创作点，引导学生放大、补充这一部分内容，用童真童趣的语言使这个充满真情的故事变得更加生动感人，通过学生的个性化理解，创造一段个性化的作品。这一训练过程，整合了学生的知识、能力、态度，使学生在创作片段的同时感受人性美。

（2）解放学生的创造性思维，在指导学生阅读的过程中，有意识地引导学生发现文章中的语言问题，对课文中描写不够清楚、具体的段落能够大胆地补充修改。

例如，教学叶圣陶先生的《爬山虎的脚》时，在指导学生弄清楚爬山虎的脚究竟怎样爬墙时，学生始终不理解。于是，我引导学生给文章挑毛病，看看是自己的理解能力差，还是作者没有写清楚。

"爬山虎的脚触着墙的时候，六七根细丝的头上就变成小圆片，巴住墙。细丝原先是直的，现在弯曲了，把爬山虎的嫩茎拉一把，使它紧贴在墙上。爬山虎就是这样一脚一脚地往上爬。如果你仔细看那些细小的脚，你会想起图画上蛟龙的爪子。"

我们反复阅读、琢磨课文描写爬山虎爬墙的这一段，学生从"爬山虎就是这样一脚一脚地往上爬"一句中感受到爬山虎是像动物一样迈着步子往上爬的，他们认为这样描写不妥，于是仔细琢磨本段中的第二句："细丝原先是直的，现在弯曲了，把爬山虎的嫩茎拉一把，使它紧贴在墙上。"一"直"一"弯"一"拉"，我和学生伸出了自己的手臂，附在墙上模拟尝试，这一试让我们恍然顿悟——随着手指的弯曲，胳膊便自然被带动向上升，原来爬山虎的脚就是这样带动嫩茎爬墙的。我们又连续做了几个"直——弯——拉"的动作，感觉这就像动物在爬墙。由此，学生理解了叶圣陶先生的这一段文字。

课后，学生又去查了资料，知道了爬山虎的爬行原理与动物的爬行原理不一样，爬山虎的每一只脚都只"爬"一次，新的脚长出来后就会向上巴住墙壁，等待下一只脚生长出来。这样一来，就跟我们从课文中理解到的内容不一样了。怎么办呢？我趁机引导学生补充完善段落。经过一番讨论，学生在这一段文字中加了一句话——

"爬山虎的脚触着墙的时候，六七根细丝的头上就变成小圆片，巴住墙。细丝原先是直的，现在弯曲了，把爬山虎的嫩茎拉一把，使它紧贴在墙上。然后再抽出新的茎，长出新的叶片、新的脚。爬山虎就是这样一脚一脚地往上爬。如果你仔细看那些细小的脚，你会想起图画上蛟龙的爪子。"

学生经历了这样一番琢磨，对怎样把文章段落写清楚、写明白、写具体，就有了相当细腻的体验，知识和能力、过程与方法、情感态度与价值观都得到了整合，综合素养得到了提高。

（3）发现课文中描写不够形象生动的段，启发学生想象再创造。

例如："多美的荷花啊！碧绿的荷叶把池塘都挤得满满的。白荷花、红荷花竞相开放，全开的、半开的姿态各异，一朵刚刚展开的花骨朵，躲在一片荷叶后面，一只蜻蜓在上面飞来飞去。"这一段话写的是池塘里的荷花，由面到点，读起来十分形象、具体，而且里面还隐藏着许多的童趣。因此，可以启发学生展开联想、想象，进行再创作，使这一段文字更具体，更形象，更精彩。

"多美的荷塘啊！荷叶挨挨挤挤的，铺成了一个大舞台，荷花在上面尽情地舞蹈，姿态万千，有仰首的，有扭腰的，有对视的，一朵有一朵的姿态。一簇簇荷苞挺拔地站立在荷叶上，真像一群小天鹅。蜻蜓飞过来，落在尖尖的荷苞上，让人情不自禁地吟诵起一首小诗——小荷才露尖尖角，早有蜻蜓立上头。有一个荷苞刚刚钻出水面，在荷叶的缝隙中露出了一点小脑袋，微风一吹，荷苞晃来晃去，活像小荷在跟蜻蜓捉迷藏。"这是只有儿童才能写出来的童话，与教材原文的景物描写迥然不同。

第七节 篇的整合建构

所谓篇就是完整的文章，文章是作者表达认知及思想感情的产物，这正体现了汉语言工具性和人文性的本质特征。所以,篇本身就是字、词、句、段的整合,是知识与能力、过程与方法、情感态度与价值观的整合。

小学语文中,虽然高年级才是篇的重点训练阶段,但从一年级开始,学生就开始接触篇了,汉语拼音以及字、词、句、段的训练都是以篇为凭借的,因为篇构建了一种语言环境。汉语拼音、字、词、句、段的基础知识都要放在具体的语言环境中才有意义,因此,在低中年级,篇是作为背景服务于汉语拼音、字、词、句、段的学习的;到了高年级,词、句、段的构造作为基础知识转化为能力,服务于篇的学习。

1. 读准确、读通顺、读流利,凭借篇锻炼口才

当人们通过语言交流知识、思想感情时,语言就不仅仅是生活中的口头言语,而是富有了意蕴美、韵律美和逻辑美。反复阅读课文,就能整体地感知作者想讲述的知识、想表达的思想感情,语言素养也会得到潜移默化的提高。所谓口才,就是人们将语言素养转化成言语的能力,能够给予听者感染力、吸引力、震撼力,而这种能力需要靠阅读来积淀、提高。所以教学篇的时候,不但要让学生从读中了解知识,还要把口才的锻炼整合进去,引导学生读准确、读通顺、读流利。

2. 读出形象,读出味道,读得声情并茂、活灵活现

作家写作时都付出了自己的心血,投入了思维、情感、想象,凝聚了自己的智慧和灵感。所以我们在指导学生阅读的时候,也要启发、引导学生投入进去,声情并茂地诵读,触摸作者的思维,与作者产生共鸣,感受作者想表达的情感。这就是把读者、作者与文本相整合,实现三者的交流。

3. 读中悟,读中思,读中发展思维,读中提高悟性

在小学语文的整合教学中,篇是一个大范围、高层次的整合体。作为教学内容,它整合着文本的教学地位、教学目标、前后一贯的教学思路;作为教材,它又整合着课程专家的编排意图、教育思想,以及新课程的教学理念。同时,每一篇文章都是一个作者的语言和思想的个性化的整合体。所以,每一篇文章都有不同的实现整合的需求,我们可以根据文章的特征,灵活地设计整合的策略。

实现整合的育人效应,首先要关注学生的知识经验、兴趣需要,以及

情感态度和价值观。其次，整合还要捕捉到文本、学生、课程专家的共通点，即实现整合的用力点，在这个点上用力，实现三维目标的落实。第三，发挥导向作用，引导学生实现三个超越，即超越教材、超越课堂、超越老师，解放学生的个性，释放学生的创造潜能，培养学生的创新思维。第四，教学设计要敢于打破篇、课文、单元的局限，打破一课一教的模式，要以学定教。

例如：读完《索溪峪的"野"》之后，学生共同的观点是：索溪峪确实太"野"了，野得美丽，野得可怕。显然这里有一个思考点，因此教师顺势提出一个问题：索溪峪的山太险峻了，有人将其告上法庭，希望把险要的山头削平或者加固，以保护游客安全。你同意吗？

一石激起千层浪，学生开始"为山辩护"，纪实如下：

生1：我想问原告，索溪峪的山对人类造成了什么危害？

师：十分险峻，会危害游客的安全。

生1：索溪峪的山是用野性美来吸引游客的，它们不应该遭受这样的折磨。

生2：不能固定。如果固定了就破坏了它的自然美，山也是有灵性的，人类不能人为地去破坏。

生3：索溪峪的山这么美，直插云天、敢戏白云。削平山头后就看不到这样的风景了，你不觉得可惜吗？

师：是很可惜，但是这样能保护游客的安全。

生4：险峻是索溪峪的山本身的特点，就像书上说的："山是野的。桂林太秀了，庐山太俊了，泰山太尊了，黄山太贵了——它们都已经'家'化了。"人工的美不是野性的美，我们需要的是自然、野性的美。不应把索溪峪的山也"家"化了。

这一教学片段是如何关注全人发展的呢？

索溪峪的野性美是学生在阅读中领略到的，但他们有没有上升到珍爱大自然的个性美、保护大自然的生态平衡这个高度上呢？教师从这个问题出发进行设计：有人将索溪峪的山告上法庭，请学生来做它的辩护律师。这一设计调动了学生的参与热情，激发了他们对祖国山水的热爱之情。他们运用自己已有的知识进行辩护，并在这一过程中体会到了人类的行为对大自然造成的伤害，由此产生了迫切的愿望：要保护索溪峪的自然美，尊重大自然的个性美，阻止人类对大自然的破坏行为。在这一情感的带动下，学生树立了正确的态度、价值观。有了情感态度与价值观做向导，学生表达时也就有了更加理性的思维。这是一个将知识、能力、态度高度整合的教学典范。

获得这种教学效果的根源，就是教师创造性地使用了教材，利用从教材中获得的灵感创设真实激辩的课堂情景，从而改变了学生被动接受的学习方式，使学生以开放的心态、鲜明的个性，综合运用自己的知识储备，积极投入为山辩护的紧张情境。教师、学生、文本、自然之间的对话，既满足了学生认知、审美、交往的需要，又积蓄了学生语文素养持续发展的后期势能。在这一过程中，语文的工具性服务于人文性，人文性又提升了工具性，这种和谐统一使学生的语文素养、综合素质得到了高质发展，整合了学生的理性、个性、审美，使学生达到了享受语文、享受学习的境界。

第八节　单元的整合建构

小学语文教材按照单元进行编排，这就提示我们在教学中要注意单元主题。单元主题从内容或从形式上统一着一个单元的教学内容，为单元整合提供了依据。如何对单元内容进行整合呢？举例说明如下。

2005年人教版实验教材第十册第五单元编排了一组历史题材的课文：《晏子使楚》《田忌赛马》《赤壁之战》《冀中的地道战》。我从整合单元知识入手，先引导学生通读四篇课文，并给学生一个星期的时间，让学生积极搜集、了解、阅读与课文相关的历史书籍、故事，如与《晏子使楚》相关的《东周列国故事》、与《田忌赛马》相关的《孙子兵法》、与《赤壁之战》相关的《三国演义》、与《冀中的地道战》相关的抗日战争故事等。学生有了丰富的知识基础后，我开始在三维整合上下功夫，首先将每一篇课文都编成课本剧，小组合作排练演出，并进行评比，使学生在情境体验中深入地理解历史人物。当学生对历史人物、历史故事产生浓厚的兴趣后，又设计了一次以"历史人物大聚会"为主题的作文课,激发了学生的创造欲和创新潜能,完成的作品让人惊喜不已。这里节选一段与大家分享:

这是风平浪静的一天。在长江宾馆里,三国的英雄豪杰们会聚一堂。曹操面带苦笑地对周瑜说:"嗨,老弟,上回赤壁之战你也太过分了,一把火烧得我全军覆没,片甲不留。你是怎么想到用火攻的呀?"周瑜谦虚地说:"其实不全是我的功劳,黄盖的功劳也不小啊!"站在一旁的黄盖说:"我只不过是受了些皮肉之苦,如果没有诸葛亮帮我们'借'东风,我们也胜不了啊。"说话间,诸葛亮坐着木牛流马来了。他沉默片刻后严肃地说:"如果我们一直这样和平相处,建立一个太平盛世多好啊。老百姓就不会经受战火之苦,能安心过日子了。"听到这里,曹操惭愧地说:"这都怪我。我保证今后再也不发动战争,我要和诸位英雄豪杰携手并肩,共建太平盛世!"大家纷纷赞同,并举杯共饮。

这个片段里,学生把三国的英雄们聚在了一起,还有学生把不同朝代的人聚在一起。如,春秋时期的晏子、战国时期的孙膑、三国时期的诸葛亮,还有现代的他自己,四人互相欣赏,纷纷称赞对方的智谋、勇武,你说他的口才好,他说你的计谋妙。这都是学生领悟前人的思维方式,赏识祖先,为古人感到骄傲的思想感情的宣泄、表达。

通过这次创作,学生的能力、态度都在知识的运用中得到了提升。为了使这三者达到更高境界的平衡,我又设问引导他们思考:古代人聪明还是现代人聪明?学生针对这一问题有不同的观点,于是我们展开了一场辩论。开始双方的观点还很明确、坚定,认为古代人聪明的学生占2/3。可是大家越辩越矛盾,越辩越困惑,如果真是古代人比现代人聪明,那人类不是退化了吗?最终,一位平时很不起眼的男孩子的话让大家茅塞顿开。他说:古代人自身的聪明只有60%,现代人加进了40%的想象才使古代人变成100%的聪明。

这种教学过程实现了知识、能力、态度的高度整合,让师生体验到了创造的快乐、认知的快乐、交往的快乐、审美的快乐。经历一次这样的整合,学生的语文素养会得到一次全面的提升。

第九节　全册教材的整合建构

每一册教材都是课程专家根据本学期的学习目标选编的，所选内容不仅要考虑学生的年龄特征、接受能力，而且还要考虑小学阶段基础知识和基本能力是如何螺旋式上升的。因此，每一册教材都是围绕着一定量的重点训练项目编排的。六年制小学语文教学过程中共使用12册教材，每一册教材用完后，怎样从知识、能力、态度三个维度上进行一次整合呢？下面以2005年人教版实验教材第十二册为例，谈一册教材的整合基本策略。

2005年人教版实验教材第十二册共六个单元，编排了26课，这26课主要围绕着两个重点训练项目编排：一是注意收集有关的资料，二是从阅读的内容想开去。全册教材学完之后，我就围绕这两个重点训练项目把全册教材的内容进行了整合。

1. 本册教材中，哪些课文需要我们注意收集有关的资料？

这册教材中编排了几位伟人的故事：李大钊、詹天佑、宋庆龄、罗斯福夫人、居里夫人。阅读这些伟人的故事时，必须要注意收集有关的资料，这样才能更深刻、更全面地了解这个人。只有理解了他的伟大之处，才能真正从这些伟人的身上受到教育。本册教材还编排了一些表现中国灿烂历史文化的文章，如《草船借箭》《将相和》《景阳冈》《猴王出世》《世纪宝鼎》《清明上河图》。阅读这些有关祖国历史及灿烂文化的经典课文时，也要注意收集有关的资料。了解了我国古代的四大名著，才能更好地理解其中的节选部分；了解了中国历史上"鼎"的来历和象征意义，才能更好地理解世纪宝鼎的价值；观察了《清明上河图》，才能更好地理解作者笔下对《清明上河图》的鉴赏。所以，注意收集有关的资料是深入、全面理解课文的需要，也是提高自己阅读能力、拓宽思路的需要。而且养成了收集有关资料的习惯，也就培养了自主探究的学习品质，这种品质将会激励学生继续求知，走上成才之路。

2. 本册教材中，哪些课文需要我们从阅读的内容想开去？

阅读文章，首先要读懂，然后通过感悟、联想、迁移感受作者的想法，进而发表自己的见解，创造自己的作品。如《匆匆》《向往奥运》《延安，我把你追寻》《难忘的启蒙》《卖火柴的小女孩》《穷人》《鲁滨逊漂流记》《古代寓言两则》，这些课文都需要学生从内容中想开去。阅读朱自清的《匆匆》，懂得了作者的惋惜和痛悔，就要联想到自己对时间的感受，从而与作者产生共鸣，悟出一些道理；读了《卖火柴的小女孩》，就要联想到我们在小学阶段学过的一系列关于外国小孩的故事，尤其是和小女孩有着相同命运的小珊迪、小杨科、小凡卡，再与自己相对比，就能体会到什么是幸福的童年。

总之，阅读的时候既要读进去，又要想开去，这样不仅能深化对课文思想内容的理解，而且可以与文章中的主人公及文章作者产生思维的碰撞和互动，活跃思想，激发创造力。语文综合素养就是这样在思考和交流中逐渐提高的。

3. 这两个重点训练项目为什么编排在同一册书里？

只有注意收集有关的资料，才更有利于自己从阅读的内容想开去；只有锻炼了从内容想开去的阅读能力，才会自主地去收集有关的资料。这两项能力都是探究性学习所必备的品质，在小升初的阶段，特别需要锻炼这两项基本功，为初中阶段的自主学习打下基础。所以，在这一学期的学习中，要学会同时使用这两项能力。

如学习《三克镭》时，在阅读之前，要先收集有关居里夫人的材料，查阅有关镭的知识。阅读中，通过课文内容所反映出来的居里夫人的高贵品质，自然而然地联想到居里夫人的其他感人事迹。正是因为课前了解了居里夫人的生平事迹，才能够更好地理解居里夫人为什么拒绝在镭的提纯技术专利书上签字。此外，通过居里夫人还可以联想到许许多多为科学事业献身的科学家，如伽利略、哥白尼、詹天佑等；还能自然而然地联想到，现代科学技术的发展离不开像居里夫人这样的科学家的贡献；同时，还会联想到现实社会中为了一己私利而不择手段、损害国家利益、破坏地球环境等现象，知道这样做的人是多么的卑鄙、可恶。

在学习本册教科书的过程中，学生不仅运用了上面两项能力，而且还运用过去所学的基本功，如，阅读要有自己的见解、体会文章的思想感情、体会作者的表达方法等。可以说，在小学阶段所学习的一系列基本功都在本册书的学习中得到了运用，语文能力就是在学中用、用中学的语言实践中得到提高的。

第十节　全套教材的整合建构

小学语文教材按照年级从低到高、内容由简单到复杂的规律编排文章，这些文章无论从题材还是从体裁上都可以分为几大类。如从题材上说，大致可以分为自然风景类、人物类、故事类、情感类、哲理类、科普知识类，这些题材的文章从低年级到高年级各册教材中都有涉及，但是其深浅度不同。到了六年级，再学习这一题材的课文时，就需要根据综合性学习的需要，按照一个主题，将六年来学过的同一类型的课文，或者与这篇文章相关联的课文搜集在一起，融会贯通，进行整合建构，使知识结构立体起来，语文素养饱满起来。

下面以《索溪峪的"野"》为例，设计一个主题进行综合性学习。

主题：感悟大自然的个性美

一、确立学习目标

1. 整理、复习小学阶段学过的描写自然风景的课文，学会归纳自然景物的特点。
2. 感悟自然景物的天然美、个性美。
3. 由自然的个性联系到人的个性，领悟人与自然的相通与融洽。
4. 学习描写景物特点的语言和方法。

二、明确学习的重点和难点

1. 学习重点：在归纳总结自然景物的特点中感悟自然景物的天然美、个性美。
2. 学习难点：从感悟自然景物的个性迁移到人的个性，正确理解个性美。

三、教学准备

1. 学生的准备。

（1）搜集小学阶段学过的描写自然风景的课文，阅读温习，一篇课文一处景，将每一处景都在头脑中形象化。

（2）了解祖国主要风景名胜区的特点。

（3）把在阅读中感受到的自然风景特点与实地游览的风景表象结合起来，奠定初步的审美思路。

（4）熟读《索溪峪的"野"》。

2. 教师制作服务于学生想象、感悟的课件，如图片、典型的描写风景的段落、练习题等。

四、教学时间安排

共计两课时。

五、教学程序

（一）进入第一情境——感悟索溪峪的"野"

1. 教师用课件展示索溪峪的风景，每展示一个图片，就让学生联系课文中对应的段落，图文对照，激活场景。

2. 设问探究：

（1）索溪峪给你留下了怎样的印象？

（2）你喜不喜欢索溪峪的"野"？为什么？

3. 激发辩论：

索溪峪正因为有了这种野性的美，才使它与众不同，赢得了中外游人的赞叹。但每个人的欣赏品味不一样，就因为索溪峪的"野"让人心惊胆战，所以有人建议，将索溪峪直插云天、敢戏白云的山头炸掉，将悬在半空的石头用水泥焊接、加固，你同意吗？说出你的理由。

（二）进入第二情境——感悟大自然的个性美

1. 学生交流课前搜集整理的写景文章，归纳景物的特点，如《迷人的张家界》《黄山奇石》《日月潭》《美丽的小兴安岭》《富饶的西沙群岛》《五彩池》《趵突泉》《珍珠泉》《西湖的绿》《黄河魂》《镜泊湖奇观》《三峡之秋》《海滨小城》《可爱的草塘》《阿里山的云雾》《青海湖，梦幻般的湖》《桂林山水》《林海》《记金华的双龙洞》)。

(1) 学生分小组归纳、整理各个景物的特点。

(2) 教师引导学生把山与山对比、林与林对比、湖与湖对比，归纳出各自的特点，体会其个性。

(3) 教师启发学生感悟：大自然的景物各具特色，向我们展示着它独特的个性美。美到处都有，为什么有些能被人写出来，有些没有呢？因为写出来的景被人发现了自己的个性，作者化静为动，化平淡为韵味，化腐朽为神奇，那景也因文而更加富有魅力。

(三) 进入第三情境——与大自然倾心对话

1. 第一层次：领悟作者与大自然的对话。

(1) 教师引导学生感悟作者使用的描写方法。作者能将大自然的美景写成一篇好文章，一定是跟大自然进行了一番用心对话。作为读者，要领悟他们的对话，学习描写方法，提高自己的审美素养。

(2) 学生朗读自己最欣赏的描写自然景色的语段，并说说从中感悟到了什么。

(3) 教师引导学生迁移运用学习到的方法，进行实践。

2. 第二层次：展开想象，与大自然用心对话。

人和自然风景都是有个性的，个性的人欣赏个性的风景，写出来的文章也富有个性。教师展示一幅瀑布图，创设情境，引导学生即兴创作，完成一篇写景作文。

通过以上三个情境的创设，引导学生在实践中领会知识；在领会知识的过程中建构正确的态度；在正确态度的支撑下自主探究，提高语文能力，最终实现三个维度目标的自然整合，达到 $1+1+1>3$ 的效果。

第三章　三维整合的横向序列

第一节　横向序列说

小学语文教材从一年级开始,就从听、说、读、写四个点进行设计编排,意图使学生的这四种能力同时起步、多元发展。而横向并列的这四个点,亦构成了小学语文学习的横向序列。该横向序列以能力的培养为显性目标,完成这个目标,需要知识做支撑,态度做动力。因此,听、说、读、写这四种能力既要同步发展,又要注意每一个点的知识、能力、态度的整合,还要使语文学习与生活联系起来,使学习生活化,生活学习化,立体地发展学生的语文能力,全面提高学生的语文素养,体现语文教学的育人功能。

横向整合中的"听"是一个认知的过程;"说"与"读"都是量的积累过程,包括知识、能力、态度的积累;"写"则是学生运用知识、发挥能力、表达自己态度的过程,写作也是语文素养价值的最高表现。

第二节　寻找横向序列整合点

在小学语文的学习过程中,不仅知识需要整合,学习方法也要整合。

一、从识字教学开始，培养学生自主、合作、探究的学习方式

在《义务教育语文课程标准（2011年版）》中，要求3~4年级学段的学生对学习汉字有浓厚的兴趣，养成主动识字的习惯，有初步的独立识字能力。这体现了素养教育以人为本的思想，学生有了识字的兴趣、习惯、主动性和独立性，将有利于其终身发展。因此，我们要从识字教学开始，培养学生自主、合作、探究的学习方式。

（一）变老师自主的教为学生自主的学

学习是人的本能，儿童天生就有探索未知的需要。在教学过程中，遇到一个不认识的字的时候，教师要让学生自己想办法去认识、学习、记住这个字，还能把自己的学习过程讲给别人听，展示自己的认识能力。例如："琴"——两个姓王的小姑娘今天去弹琴；"街"——街上有许多人和许多土，还有许多岔路口，这都是学生的个性化解读。

（二）变学生单独学为小组合作学

当每一个学生都有了自主识字的习惯和意识之后，教师就要引导他们进行合作交流，让学习更上一层楼。具体方法如下：

1. 把全班学生按个性差异分成几个识字小组，每组人数可以不等。要关照到所有学生，使其个性互补，共同进步。

2. 各组内部分工协作，谁来读音节，谁来说结构，谁来写笔顺，谁来组词……大家共同完成一个字的学习，然后再一起上讲台展示交流。看看哪个组做得最好，学得最清楚，展示得最明白、最利落。

这样做之后，学生在小组内互相校对、互相纠正、互相帮助，对生字的音、形、义的掌握更加牢固，同时还树立了合作精神。不同个性、不同层次的学生在小组合作中都能学会识字的最基本的方法，也逐步意会了汉字的特点、规律。

（三）变统一的要求为个性化的探究

形成小组合作的学习风气之后，为了避免学生厌倦重复的学习形式，要引导学生发现、挖掘汉字音、形、义的特点、趣味，创造性识字，保护学生学习兴趣的持续递进，让他们学会举一反三、触类旁通，能在课后继

续探究，满足自己的求知欲、创新欲。

这种教学方法改变了教师的教学行为，创造了角色转换的主体效应，学生的主观能动性被调动起来，他们在自主学习的过程中掌握了汉字知识，在合作学习的过程中掌握了识字方法，在互动交流中获得了正确的态度，在持续探究中形成了独立识字的习惯和能力。知识、能力、态度在识字方式的改变中达到了整合，自主、合作、探究的学习方式也会贯彻到阅读、口语交际、习作的学习当中，让三维目标相互渗透、融为一体，实现语文素养的全面提高。

二、在朗读教学中培养学生热爱祖国语言文字的情感

唐诗、宋词、元曲、清文，无一不是作者热爱祖国语言文字的结晶，所以，传统教学强调"熟读成诵"，讲究"涵泳工夫兴味长""漫卷诗书喜欲狂"，这就是语言文字的魅力。

小学语文教学要以读为本，在朗读的训练中培养语感，激发学生热爱祖国语言文字的情感。而语感训练是典型的汉语言文字的整合训练，课堂上一定要创设情景，让学生充分地读，个性化地读；读出声，读出意，读出情，读出味，读出神，读出韵；读得如闻其声，如见其人，如临其境。

学习了《可爱的草塘》后，一下课，孩子满校园喊："棒打狍子瓢舀鱼，野鸡飞到饭锅里。"这就是一种热爱。在这一句话中，汉语的形象性、意蕴性、音乐性都被淋漓尽致地表达了出来，孩子像唱歌一样去读这句话，也就获得了审美的享受。

"这么大这么美的草塘，我还是第一次看到，走了进去就像置身于大海中一样，浪花翠绿翠绿的，绿得发光，绿得鲜亮，欢笑着，翻滚着，一层赶着一层涌向远方。仔细瞧那浪花，近处的呈鲜绿色，远一点儿的呈翠绿色，再远的呈墨绿色，一层又一层，最后连成一片，茫茫的跟蓝天相接。"孩子们兴味盎然地读着这一段，如同置身于草塘之中。那种色彩的美，那种音乐的美，那种汉语丰富词汇的美，那种比喻形象动感的美，那种中华民族浩瀚博大的美，全都渗透到学生的血脉里了。这就是在朗读中获得的语言的浸润效应。

所以，语文教学离不开朗读，要让学生在读中熏陶审美情趣，在读中形成健康的人生态度和文化品位，在读中积淀热爱祖国语言文字的情感。

三、在阅读感悟中引导学生发展思维

语文是一门语言和思维相统一的学科，这是语文学科的特点，也是语文素养显隐互渗的两方面。

在阅读教学中，不仅要引导学生领会教材，还要超越教材。这既是一种思维的超越，又是一种语言的锻炼，而且还伴随着学生情感态度与价值观的积极、有效参与。

如学习了《坐井观天》之后，让学生把这个故事续编下去："有一天，小青蛙下定决心，要看看天到底有多大。于是，它从井里跳了出来，看着天吃惊地说：'啊！天真的很大呀，小鸟说得没错。'蓝蓝的天空中飘着几朵白云，真美丽。它又跳到原野上，跳到山坡上，跳到大海边……'啊！天也大，地也大。我真后悔，为什么不早点跳出来看看呢？'"

让学生的思维超越教材而延伸，作为一种阅读教学的方法，将知识与能力、过程与方法、情感态度与价值观三维目标相互渗透、融为一体，提高了学生的语文素养。在这个过程中，学生的语言能力、思维品质、审美品位，以及情感态度、价值观等都得到了整合发展。

只要我们从低年级开始这样引导、训练，到了高年级，学生的思维触角就很敏锐，每读完一篇课文，他们都会自发地向课外探伸，以实现阅读与生活的结合、文本与自我的结合，满足自己的知识内化与能力展示、情感释放与态度表达的需要。

四、在口语交际中培养学生的良好个性和健全人格

良好的个性和健全的人格是语文素养的一个方面，主要体现在一个人的交际品质中，而语言就是交际的第一要素。

口语交际课最突出的特点就是创设真实的现场情境，让学生进行模拟、实践，通过亲身体验，感受交际的微妙与艺术。以学习"与人交流时要尊重、理解对方，只有尊重、理解他人的人才会得到他人的尊重与理解"这

一交际方法为例，学生在真实情景中经历过一次又一次交际失败后，便能吸取教训，变换方式，探寻人文关怀，捕捉微妙的情感因素，真正领悟到与人交流要尊重、理解对方的道理，最终获得成功。有了这些经验，他便会不由自主地应用于日常生活，提升自己的交际品质。同时，在真实的情景中进行口语交际训练，还能激励学生学好普通话，提高表达能力，弥补不足，完善自我。

五、在习作教学中培养学生正确的情感态度与价值观

写作能力是语文素养的综合体现，那么怎样锻炼学生的这种综合素养呢？以一篇学生习作为例。

看世界杯有感

前些天，波兰队以0:2输给了韩国队，随后又以0:4输给了葡萄牙队。按说，波兰队已经输了两局，就算第三局胜了也进不了16强。但是波兰队的队员却承诺，第三局一定要踢赢美国队，为祖国赢回荣誉。相比之下，有些队输了前两局之后就态度消极、无心应战，比如突尼斯队在小组赛最后一轮对战日本队时，就已经没有了前两场的激情了。

6月14日19:30，波兰队与美国队的比赛正式开始了。波兰队比平时更加勇猛，进球速度相当快——5分钟内波兰队就进两个球，不对，又进了一个球，现在波兰队以3:0领先了！最后，波兰队以3:1战胜了稳进16强的美国队。

果然，波兰队实现了自己的诺言，为祖国赢回了荣誉。虽然他们没有进入16强，但他们踢出了自己的水平。通过这次比赛，我明白了，结果如何不重要，重要的是自己有没有尽力。只要你努力过、付出过，无论结果怎样，你都是最优秀的。波兰队的队员们做到了，我为他们竖起了大拇指："你们都是最棒的！"我想，这就是足球，这就是世界杯，这就是精神上的成功吧。

我又想起了我们中国队。虽然他们连输三场，但我看到了队员们一场比一场有进步。我想，只要我们有信心，失败并不重要，重要的是自己如何面对失败。

这是一位六年级学生自主写成的作文,这篇文章是如何产生的呢?

2002年5月31日,第十七届世界杯足球赛开幕,学生们都沸腾了。我及时追踪热点,开展了以"关注世界杯"为主题的、长达一个月的综合实践活动。在这期间,学生写出了这篇精彩的文章,从中足以看出这位12岁的少年的语文素养、综合素质。

因此,作文教学一定要贴近学生的身心,捕捉创作热点,将学生的兴趣和需要作为习作目标,锻炼和发挥学生的综合素质。

综上,要想实现小学语文教学的三维目标,就要把握好横向序列整合点的有序性和平衡性,实现各个学段的相互联系、螺旋上升,全面提高语文素养。

第二部分

开发小学语文教学
三维整合功能

第一章　整合是小学语文教学的本质需要

第一节　整合是小学语文新课程的内在功能

　　课程标准突出以人的发展为本，而教材就是课程实施方案具体操作的蓝本。语文教材以汉语拼音、字、词、句、段、篇的纵向序列和听、说、读、写的横向序列进行编排，整合的理念就潜藏在其中。正如衣服的作用已不单纯是为了遮羞和御寒，还要通过它展示美，彰显个性，体现民族特色、时代特色等。课程改革专家设计、编写的教材，就是为我们提供了制作衣服的材料和设计图样，我们要领悟其中的设计思想，让它成为人类发挥聪明才智，创造、美化生活，表现自己是万物之灵的形式和内容。这个比喻，很好地诠释了小学语文教材中的知识、能力、态度的整合理念。比如，把不同的文章通过一个主题整合在一起，把听、说、读、写通过一个主题整合在一个单元里，这样编排可以告诉学生，同样的知识可以创作出不同的文章，不同的文章可以表现同一种思想感情。一种知识、一种能力和一种态度整合在一起，就能成为一篇文章；把许多的知识、许多的能力、许多的态度整合起来，成为自己的知识、能力、态度，就可以创作出自己的文章。这就是整合的意义，亦揭示了语文课程的人文内涵。

第二节 整合是语文学习的内在需要

小学语文基础知识和基本能力的重点训练项目被循序渐进地编排在单元教学里,由简单到复杂,由低级到高级,每学完一项,就是为后面的学习造了一级台阶。踩着这些台阶,学生可以学习新的内容,并将前面的学习内容变成自己的能力,服务于新的重点训练项目,在运用中全面提高自己的综合能力和语文综合素养。这是一个积极主动的、不断生成的、无止境螺旋上升的过程,很好地诠释了语文学习中知识、能力、态度是如何进行整合的。这种整合真实地体现了学生探究学习的愿望,展示了学生习得知识、形成能力的过程,说明了整合是语文学习的内在需要。

说整合是语文学习的内在需求,是因为语文能力的提高主要依靠积累并运用听、说、读、写、悟的基本功,而积累运用基本功又是以学习字、词、句、段、篇的知识作为前提条件的,同时,完成积累运用的过程又是以情感态度与价值观作为动力的。语文教学三维目标的整合原理正如爬山,知识就是我们对山的认识和已有的爬山经验;态度就是我们通过爬山来锻炼自己的意志,以及到山顶去看风景,去寻找审美的享受;过程就是我们依靠自己的体力、能力还有意志力爬到山顶,这三者缺一不可。这就是人的内在需要。

过去,人们常把知识比作海洋,其实从建构主义理论的角度来想象,知识更像是重重叠叠的山,爬上了一座山,完成了一次三维整合,人的发展就上了一个台阶;站在山顶,看到另一座山,就等于发现了新知识,就继续攀登另一座山,开始新一轮的整合,完成一次新的知识建构。

第三节 整合是辩证统一的

突出以人的发展为本的三维目标并不是忽视基础知识,而是将三者进行辩证统一和整合。人的发展离不开对知识的学习,知识是促进人发展的基础,突出发展为本,是在强调要选择学习什么样的知识,怎样编排知识,以及如何学习知识，从而适应社会和学生身心发展的需要。三维课程目标应该是一个整体，知识与能力、过程与方法、情感态度与价值观三个方面互相联系，融为一体，任何一方面都不能脱离这个整体而单独存在。

　　三维目标的确立对于促进学生的自主发展具有重要意义。三维整合注重学习主体的实践和体验，注重学习者的学习经历和学习经验，能引导学生在学习中掌握方法，对教学过程也有正确的导向作用，有利于改变只重结果不重过程的现象。三个维度的交融体现了工具性和人文性的高度统一，体现了学科教学改革的方向，使日常的学科教育上升到追求真善美的境界，这亦是小学语文新课程教学的新境界。

第二章 开发小学语文教学资源的整合功能

第一节 教师成长中专业素养的三维整合原理

教师要坚持以三维目标的整合来提高自己的专业素养。我们学习的教育学、心理学、教材教法、课程与教学论等专业书籍中都包含着知识与能力，如导课的方法、设问的方法、复习的方法等。这些内容我们走上讲台前要在书本中学，走上讲台后还要在实践中学，这种学习要贯穿我们的整个教学生涯。

怎样将学到的知识与能力学以致用呢？就要靠实践的过程与方法。

过程是否充实、丰富、有效、有意义，是否真正有助于自己的成长进步，取决于选择的学习方法。例如，只从书本上学，不如边学习边实践；只会照抄别人的教案，不如凭借自己的理解去一步步实践、探索、创造。

进入21世纪，人们开始崇尚人文，关注人的情感需求，关注人们在学习中获得的愉悦感和幸福感，即学习过程中有了情感态度与价值观的参与。

对教师来说，不同的方法、不同的过程，决定着自己的学习是否有效，而不同的情感态度与价值观又决定着自己是否对教育工作感兴趣，这也关系到自己做教师的幸福指数有多少。

那么这个情感态度与价值观是不是自己主观产生的呢？也不是，这是在做教师的过程中激发、培养出来的。

没有自己的实践、思考和个性化创造，那么你的职业态度就是为了别人在工作，你对待工作的情感也会很肤浅、寡淡，只是为了完成任务。相反，如果能在教学过程中，凭借自己的实践体验和思考感悟，发挥自己的个性潜能，创造性地教学，那么你的工作就是为了实现自己的成长和人生价值，教育学生的过程也变成了成就自己的过程，教育的价值观和人生的价值观相统一、相和谐，让教学成为自己幸福生活的一部分。

情感态度与价值观作用于过程与方法，促进知识与能力的终身学习，并不断更新、丰富和完善。这就是教师成长的三维整合原理，也是课程资源的整合功能。

第二节　学生学习心理中的三维整合原理

从学生角度界定三维目标的概念，知识即汉语拼音、字、词、句、段、篇及语法、修辞等汉语知识；技能即听、说、读、写及对知识理解、运用、感悟等；过程即"我要学，还是要我学"；方法即不同的学习方法；情感态度即学习的兴趣、欲望、心情，以及学习的目的是什么；价值观即知道学习知识、领会前人的思维成果能让自己富有智慧、创造力，明白学习是为了自己的提升和发展，能够让生活更有乐趣，更有意义。

了解了学生学习过程中的三维整合原理，就能够有目的、有计划、有步骤地引导学生在整合的状态下完成学习目标。

第三节　开发显性课程的整合功能

所谓显性课程，指的是为实现一定的教育目标而正式列入学校教学计划的各门学科以及有目的、有组织的课外活动，这里是指全套小学语文教材。小学语文教材共12册，课本内容文质兼美、学用结合，知识的逐层积累、能力的训练提升与态度的启蒙教育显隐互渗，双轨并进。这就是其自带的三维整合功能。那么，怎样开发显性课程的整合功能呢？我的观点如下。

一、尊重教材，研究教材

教材是课程专家们站在为国家培养人才的高度上，站在遵循儿童身心发展规律的角度上，站在社会、时代发展要求的平台上，以科学发展的理性思维进行编创的，包含着党和国家的教育方针政策路线的执行计划，以及国家培养人才的目标和要求。应该说，语文教材是我国小学语文课程几十年乃至几百年教学经验的精华，所以，我们要尊重教材，充分地利用教材，不能歪曲了教材的编写意图。教师教学之前要深入研究教材，搞清楚教材的编写特征、编排意图，将教材里隐含的三维整合功能开发出来。只有厘清了教材的编写思路，解码了教材想要传输的价值观，教师才能设计出多维立体的课程，学生才能最大限度地从教材中受益。

二、充分利用教材，挖掘教材

我们常常发现，有些教师的教学进度特别快，一学期的课程能够提前很长时间结束，然后就是复习，让学生做大量的试卷。其实，这是对教材极大的浪费。试想，课文会读、生字会写、课后练习会做，这仅仅是将课文过了一遍，内在的东西学生还没有理解，学生阅读中的疑问也没有得到解答，更没有经历内心情感的波澜。这样的教学对学生来说，课文纯粹就是课文，只是白纸上的黑字。

要使课文还原生活、再现形象，就一定要引导学生"钻进去"，然后再"跳出来"。"钻进去"就是要学生读懂课文，去理解感受其深层的人文内涵，得到人文的浸润和滋养。"跳出来"是指在学生的感悟十分饱满的时候，引导学生走出课文，发表自己的阅读见解，与他人交流自己的体验和感受，收获认可。所以，教师要引导学生深入理解课文后再跳出课文，以课文为原点想开去，向生活经验拓展。这种拓展既有知识的重新建构，又有知识通过思维向能力的迁移过渡，更有态度的选择。而实现这种三维整合目标的前提，必须是老师要吃透教材，能带领学生对教材进行挖掘。如带领学生思考：《穷人》中穷人穷的是什么？不穷的是什么？《圆明园的毁灭》中被毁掉的是什么？毁不掉的是什么？这样有价值的引导才能使学生

"钻进去"把教材研究透彻,"跳出来"充分实现教材的育人功能。

三、超越教材,创造性地使用教材

课程标准作为一种思想、一种指向,没有规定具体的教学方法,这是对一线教师最大的信任和尊重。所以,我们也要把自己融入教学资源,发挥自己的创造潜能。首先,就要从教学设计开始。

教学设计要以教师、学生、专家、教材等所有课程资源的相互适应为基本理念,坚持课堂教学设计主体的多元性,教学过程的确定性与不确定性相统一,为不同的学习设计不同的教学课堂,教学设计要贯穿课堂教学的全过程。

教育是一种价值引导,是投射着、蕴涵着教育者的主观意趣的引导活动,这种主观意趣内含着教育者的价值选择和价值预设,所以教学设计一定是包含着教师的文化积淀、品德修养和个性风格的。在教学设计中,教师要施展超越教材、创造性使用教材的才能;在具体实施过程中,没有放之四海而皆准的教学模式,教学设计是绝对个性化的东西。

美国学者塞勒等人提出了关于课程与教学关系的三个隐喻:课程是一幢建筑的设计图纸,教学则是具体的施工。课程是一场球赛的方案,这是赛前由教练和球员一起制定的;教学则是球赛进行的过程。课程可以被认为是一个乐谱,教学则是作品的演奏。这三个隐喻告诉我们,教学设计是个性化的、动态发展的,当教师进入具体的教学设计过程中后,教师的育人观念、价值选择、价值预设、兴趣、需要、个性特征、教学风格等都会参与进来,在整个教学设计的过程中得到实质性的体现。而且,在教学设计的实施过程中,学生也会参与再设计。教学设计是一场个性化运动,它能否使双方相互适应,主要在于教师能否创造性地使用教材,关注学生的需要和发展,让教材为学生服务、为教学服务,促进学生知识、能力、价值观的有效整合。

四、用是最好的学

我们常说,要学以致用,因此,我从教小学低年级开始就抓住一个

"用"字，促使学生掌握知识，形成能力。

根据《义务教育语文课程标准（2022年版）》规定，小学1~2年级要认识常用汉字1600个左右，其中800个左右会写。学生怎样才能掌握这么多汉字呢？带过低年级的老师都知道，二年级识字量突然增大，学生认得下，吃不消，通常会认不会写，或会写不会用，写起话来都是错别字。如果这个问题在二年级得不到解决，就会一直带到高年级，矫正起来相当困难。所以要学以致用，以此作为二年级突破识字量和写话关的途径。

下面以2006年人教版实验教材第三册为例，谈谈具体做法。

1. 从"识字学词学句"中学会用字的方法

本册教材安排了两个系列的"识字学词学句"，编排的方式是一个字组一个词、造一个句，以此告诉学生，要字不离词、词不离句，只有在句子中，才能确定字和词的具体意义，不然就无法辨清同音字、多音字、多义字。所以，学字就要组词，组了词再造句，这样基本上就学会如何运用这个字了。只有通过组词造句，学生才能明白某一个字应该在什么样的语义中使用。

2. 所有的生字都在读中认识、用中掌握

将生字词放在课文中，学生认识，但用的时候就不会了。所以，要让学生理解生字所在的词语，并能根据它在课文中的意思再造一个句子。教师要鼓励学生用一个生字多组几个词语，每一个词语都要造一个句子。只有学会运用，才能真正掌握这个字。

3. 见机写话，锻炼学生综合运用词语的能力

通过总结教学经验，我发现，如果不通过写来运用、学习这个字，学生连学过的常用字词都会忘记，通常见了这个字会读，但用的时候就不会写了。例如"一"这个字，它在语言环境中会变调，学生会写"我有一支铅笔"，但"一写就断"就不知该用哪个"yi"了，还有"不""着""了"等字。所以，我们要经常地引导学生写一写句子，进行巩固练习。最实用的办法就是从教材中挖掘学生感兴趣的内容，见机就写，从写一句话到写连续的两句话、几句话，直到学生能够自己编写童话。例如，学习《梅花》（宋·王安石），让学生根据自己对这首诗或插图的理解、想象写一句话，如低年级学生可以写"梅花又白又香"或"梅花真美啊"；学习《我要的是

葫芦》一课后，通过设问引导学生写话："这个种葫芦的人究竟错在哪儿？小葫芦为什么一个一个都落了？"学生就可以写两句连贯的话："他错在不懂叶子和葫芦的关系。没有叶子输送营养，小葫芦就都渴死了。"

小学语文低中段教材的课文多童话故事，学生能独立写一段话后，就可以鼓励他们自己编写童话。教师可以通过在班级朗读、表扬，掀起读童话、编童话的热潮。孩子的兴趣是很容易在集体中被点燃的，逐渐地，他们就会主动编写故事。这样，学过的字会用了，生字也大部分掌握了，同时，写话的能力也提高了。

综上，"用"是最好的学，也是促进三维目标整合的基本方法。

五、设计三维整合作业，促进三维目标的整合

新的课程标准对语文作业设计的要求也体现了三维整合理念，我们把它称为三维整合作业。

（一）三维整合作业的内在原理是什么

以学生为本，以人文因素为显性目标，以知识运用为隐性目标，引导学生在自主实践的过程中建立对知识的情感态度和价值观。只有学生对所学知识产生了积极的、愉悦的情感态度，树立了正确的价值观，才能进一步产生求知欲望，实现对语文知识的意义建构；在层层深入的意义建构中，学生的语文能力才能得到锻炼、提高，整体提升认知、审美、运用、人格品质等多方面的语文综合素养。

（二）怎样设计三维整合作业

以下面一组儿童生活故事为例，《小珊迪》《小音乐家杨科》《凡卡》《小抄写员》《卖火柴的小女孩》等文章中，主人公都有着悲惨的命运。教学中，教师要从语文的人文性出发，设计一组主题为"救助我的小兄弟/小姐妹"的体验作文，让学生释放在阅读课文时积累的不满、愤怒、怜悯、同情等情感，通过作文来表达自己救助主人公的愿望，培养学生的善良品性。在习作中，学生还能回顾课文的知识点，深入理解课文的思想内容，锻炼运用语言表达情感的能力，使知识、能力、态度达到整合。这种作业可称为宣泄式作业。

听听学生的心声，你会为整合的魅力而感动：

杨科，我可怜的小兄弟。你本来可以长大成为一名音乐家的。因为在你的耳朵里，大自然到处都是音乐，连啄木鸟啄树干的声音，你都觉得是一首生动的旋律，你多么富有音乐天赋呀！可是，你却连一把小提琴都没有。我痛恨那没有人性的管家。他们怎能下毒手打你，你还那么小，那么瘦弱，你怎么受得了。啊！杨科，我可怜的小兄弟。如果你生活在现在，那该多好啊！

假如能够穿越时空，我一定把你从地主家救出来，砸锅卖铁，我也要给你买一把小提琴，让你换上我的新衣服，穿上我的新鞋子，和我一起去上学。放学回来，你拉小提琴，我弹手风琴。我们来个合奏，那该多好！我还要给你报个音乐班，一定把你培养成中国的贝多芬。

另外，我们还可以设计对话式、迁移式、换位式、同化式、顺应式、反馈式等三维整合的作业。下面举例说明。

对话式作业：如学习了《女娲补天》后，以"女娲，我想对你说"为题写作。学习了《三克镭》《詹天佑》《诺贝尔》《向命运挑战》等有关伟人、科学家的文章后，可以创设聊天室，引导、鼓励学生与伟人对话。

迁移式作业：学习了《桂林山水》，可以让学生抓住课文中的比喻句，迁移自己对桂林山水的喜爱、赞美、欣赏之情，创作"桂林的童话"；学习《延安，我把你追寻》之后，可以启发学生将"追寻"迁移，以《家乡，我把你追寻》《童年，我把你追寻》《奥运会，我把你追寻》等为题进行写作。

换位式作业：学习了《渔歌子》之后，为了理解老渔翁"斜风细雨不须归"的情感，引导学生换位，改写《我是一个小渔翁》；学习了"走进大自然"的单元内容后，启发学生理解生命，设想自己是一株植物，创作《我是一片新叶》。

同化式作业：学习了《桃花新木》《"精彩极了"与"糟糕透了"》《生命的林》等一系列表达自我教育的课文之后，启发学生将自己从课文中获得的感悟进行同化，创作《成长的需要》。

顺应式作文：学习"我爱故乡"单元时，课文中讲的都是成人的思乡情，孩子的理解不到位。怎么办呢？我们可以引导他们读完课文后，以

"我理解爷爷（奶奶）的思乡情"为主题写一段话，把自己的知识经验与课文主人翁的情感联系起来。学习《生命，生命》时，"这就是我的生命，单单只属于我的。我可以好好地使用它，也可以白白地糟蹋它"一句中，学生可能第一次接触"使用生命"这个说法，应该怎样让学生理解呢？可以引导学生在讨论后写一篇感想作文"我该怎样使用我的生命"，促使孩子与作者产生共鸣。

反馈式作业：学完综合性学习"遨游汉字王国"单元后，怎样引导学生把所学到的知识与自己的态度、能力整合起来呢？可设计下面这样一组反馈性作业。

你喜欢汉字吗？

(1) 在下面的田字格里端端正正地写上自己的姓名。

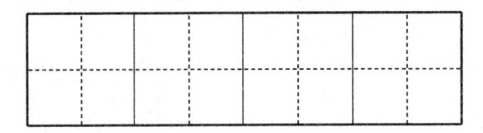

(2) 写完自己的名字，你心里有什么样的感受？请你端详这几个字，你觉得它们像你吗？像你在干什么？

_____

(3) 父母给你起的名字有什么含义？有没有利用其谐音来表达一种意思？

_____

(4) 你对父母给你起的名字满意吗？如果不满意，请你给自己起一个名字，并说明为什么。

_____

(5) 通过品析自己的姓名，你领会出汉字有什么特点？

_____

(6) 请你谈一谈你对汉字的认识和理解。

_____

综上所述，设计三维整合作业其实就是为了开发显性课程中的整合功能。

其设计理念是：（1）读写相结合；（2）语文学习与生活相结合；（3）语文学习与学生的知识经验相结合。

其设计目的是：（1）实现知识、能力、态度三维目标的整合；（2）全面提高学生的语文素养。

其设计依据是：（1）单元专题；（2）阅读教学中，学生的兴趣点、需求点，以及课堂的生长点；（3）综合性学习的成果。

实践证明，三维整合作业是在关注三维目标的前提下进行设计的，不是单调的、机械的训练，学生喜欢这种设计，会生发出创作的欲望和兴趣，是教师开发小学语文教材资源的体现，也是实现三维目标整合的良好策略之一。

第四节　开发潜在课程的整合功能

潜在课程是指在课程方案和学校计划中没有明确规定的教育实践和结果，但属于学校教育经常而有效的组成部分，可以看成是隐含的、非计划的、不明确或未被认识到的课程，这些课程隐藏在学生学习的物质环境、社会环境和文化体系中。语文的潜在课程范围更广、涉及面更多，如：学校的硬件设施、规划布局、活动内容、教育理念、制度措施、教室布局等，班级的生员结构、班风、学风、班务运行方式等，老师的管理理念、策略等，以及校园内的人际关系、文化氛围等，都是语文潜在课程的隐藏点。我们要善于在潜在课程里挖掘资源，学校的管理举措、社会的运行规则、家庭的生活方式都像是一片海，我们作为语文老师，要善于引导孩子做海边拾贝的人，看到大海掀起波浪，我们要启发孩子领悟其内在的、规律的美；发现海浪将一枚枚贝壳送上海滩，我们要引导、鼓励孩子进行挑拣、创作，让其经过孩子的手变成有价值的工艺品。贝壳好比知识，创作好比能力，制作工艺品带来的成就感好比正确价值观的体验，经历这样一个过程，学生的语文综合素养就悄然提升了。

一、创造良好的校园文化环境

校园是传播文化的阵地，良好的校园文化环境可以使学生耳濡目染、浴养身心。如，在校园门口的显眼处放置一个牌子，上面写有"走进校园，请您慢步轻声"；在校园边角建设一个绿色长廊，摆一些桌椅供学生休息聚会、讨论交流；在教学楼的走廊里搭建图书角，学生课间可以随意翻阅图书……校园的每一个空间、每一个版面，都应该给孩子带来文明的熏陶，让学生在校园里养成审美意识、文明习惯。校园环境看似和语文教学无关，但人文情感就是在这美好而温情的氛围中积淀下来的，这是语文素养生长的土壤和水分。

二、营造良好的人际关系氛围

在校长、老师、学生三者之间，最中心的就是学生，而往往被冷落、被忽略的也是学生。我们常常教育学生要尊重老师，校园里见了老师要问好，学生通常做得很好，但校长和老师有时对学生的问候不能平等和蔼地回应，这种现象不利于形成良好的校园人际关系氛围。我们要建立民主、平等、和谐的师生关系，与学生亲切快乐地照面儿是和谐的底版，有了互相尊重的情感，课堂上的民主和平等才能建立起来。所以，在校园里，要形成尊重、团结、合作、友好、融洽的氛围，让学生收获幸福、快乐的人际交往能量，养育学生的人文情感、人文精神、人文品德。

三、开展富有时代感的校园集体活动

儿童天生就喜欢群体活动，丰富多彩而又富有时代感的集体活动往往能使学生投入其中，并提升综合素养。

例如，学校少先队组织了一次社会实践活动——市场交易。学生以班集体为单位，分小组经商。活动要求从购买原材料到加工商品，再到投放市场、推销产品，一律由孩子自己动手、动脑实践。在这样的活动中，不用心是不容易发现语文教育资源的。但是，当你走进孩子们经营的小市场后，你会从那幼稚而大胆的广告词中，那富有童趣的作品中，那天真率直的叫卖声中感受到语文的存在，领悟到孩子们的创造力。譬如："一家"麻辣小摊前摆着一个广告牌，上面写着："麻辣麻辣，麻得忘记作业，辣得想去大闹天宫。""一家"水果雕塑摊上，摆着一艘用半个西瓜雕成的帆船，几个小学生围在跟前,其中一个在叫卖:"一帆风顺,一帆风顺,捧走我的帆船,保你学习考试一帆风顺。"当你去采访"冷饮拼盘店"的"小老板"时,他告诉你:"我们体会到了父母挣钱不容易,还明白了想做好一件事情要团结合作,与人交往时态度一定要礼貌大方。"这就是学生在潜在课程中的收获。

这种教育与显性课程完全不同,不带任何压力。就活动的本身来讲,这只是一次社会实践,但语文学习的工具性和人文性却隐含其中,语文知识、语言能力、人文态度被自然地整合在里面。所以,潜在课程的教育功能常常是课程本身都无法预料的,效果也往往让设计者出乎意料,这是由潜在课程的特点决定的。

综上所述,潜在课程潜藏着知识、能力、态度三维目标的整合功能,我们要有意识地挖掘潜在课程,充分开发其育人功能,全面提高学生的语文素养。

第五节　开发综合实践活动课程的整合功能

学校开展了陶艺课程,作为语文老师,如何从该课程中挖掘语文学习资源呢?

首先要鼓励、支持学生积极参与学习,然后关注他们在活动中创造的作品,并有意识地夸赞。在此基础上,再组织一次"陶艺作品创作秀",每个人都上台介绍自己的作品,并给作品命名,介绍创作过程,生动幽默地展示作品的美和趣。

一场"陶艺作品创作秀"后,孩子的思维和审美路径都打开了,优秀的习作也诞生了。请欣赏下面一篇范文。

盼望着,盼望着,陶艺课终于开始了。潘老师穿着一件粉红色的上衣,细长的脖子上戴着一条非常漂亮的项链——白色和绿色糅合在一起,一枚葫芦形状的坠子挂在胸前,精致极了。见我们都盯着她的坠子,潘老师说:"你们都很喜欢这个装饰品吗?这叫陶坠。今天我们就来上一堂软陶课,我保证,你们每个人都能创造出一件精美绝妙的软陶作品。"

伴随着优美的古筝乐曲,我们开始动手了。我选择以中国娃娃为样本,先将粉红色的软陶泥揉成扁圆球，把黑色陶泥擀成薄皮做头发，又捏了一双黑色的眼睛和两条黑色的辫子，用红色陶泥做成鼻子和嘴，将它们组装在一起后，中国娃娃的头就做成了。接着，我挑选了粉红和夕阳红两种颜色的陶泥，将它们充分混合后揉成椭圆形的身子。然后用黄色陶泥制作四肢，用橘黄色陶泥制作灯笼，用黑色陶泥制作鞋子。最后，将所有部分拼在一起，中国娃娃就做好了。

我一边调整我的中国娃娃，等着老师领我们去炉膛烤；一边观察着同学们的活动。刘玲同学真是心灵手巧啊！只见她拿着一块方方正正的软陶，一会儿捏捏这，一会儿按按那，还不时地放在手里搓一搓，转眼间，一只展翅欲飞的小鸟就做成了。接着，她把其他颜色的软陶都搓成细丝，随意掐一点放在小鸟身上，就成了精细的点缀，小鸟也更加地栩栩如生、活灵活现了。它仰着头，仿佛在说："瞧，我多么高贵、优雅。"看那张开的翅膀，仿佛它又在说："小主人，谢谢你把我打扮得这么漂亮。"

再看陈祥，他好幽默呀！桌子上已经有一只捏好的母鸡了，圆圆的脑袋，胖胖的身子，特别惹人喜爱。现在，他正在用七种颜色的软陶制作七只小鸡，还分别给它们起名为哆鸡、来鸡、咪鸡、发鸡、唆鸡、啦鸡、西鸡。他诙谐的介绍惹得我们哈哈大笑。

老师看大家都做好了，就带领我们去陶艺坊烤制成品。她说，作品能不能成功，还要看能不能经得住烈火的考验。在那一刻，我突然明白，制作成功的陶艺作品，不正是和人的成才一样吗，都要经得起困难和挫折的考验才行。

经过漫长的等待，我们的陶艺作品终于烤制结束。有的同学说："呀，比我原来的漂亮多了！"还有的同学说："呀！变样了，我都认不出来了。"而我则感叹道："看，我的中国娃娃真坚强。"

第六节　开发语文学习与生活的整合功能

小学低年级的学生学习词语时，如果不能与生活经验相结合，那这个词语就只是一个符号，学生不理解就无法掌握，更不会应用。不能领会于心又不能应用于生活的知识是没有意义的,也激不起学生的兴趣。下面三个小故事可以证明这个说法。

"热忱"和"冷漠"

这是发生在一所乡村学校课堂上的故事。2004年人教版实验教材二年级上册"识字6"中有一组反义词:美对丑,爱对恨,真诚对虚假,冷漠对热忱……读过几遍后,学生纷纷表示不理解其中的"热忱"和"冷漠"是什么意思。于是,老师说,现在请大家合上书,互相说一说:你最喜欢去谁家,为什么?你最不喜欢去谁家,为什么?

学生们活跃了起来。

生1:我最喜欢去姑姑家,因为我一去姑姑家,姑姑就陪我说话,还给我拿好吃的。

生2:我最不喜欢去二叔家,因为我一去二叔家,二叔就说,去到外边玩去,他要睡觉。

……

这一招很灵,学生们立刻反应过来了,原来,热忱就是对待别人有热情;冷漠就是对待别人不关心、不理睬,很冷淡。

老师巧妙地运用了学生的生活经验,在体验与知识之间建立了内在联系,让学生理解了陌生词语。

"廉"对"贪"

学习"廉对贪"这一对反义词时,老师设计了这样的环节:请你从自己看过的、知道的事例中举个例子,来理解这两个字。

生1:老师,电视剧《铁齿铜牙纪晓岚》中和绅是贪官,纪晓岚是一个清官,他们分别对应了"贪"和"廉"。

生2:老师,我们读过《两袖清风》这篇文章,文中那些贪官为了保住自己的官职,贪污老百姓的钱,有的还向老百姓多征税,把这些钱送给比他们更大的官员;而于谦不同,他没有迫害老百姓,他是清官。

从这个事例中能够看出,只要善于运用生活资源,巧妙建立学生生活体验与文本字、词、句的联系，就能够实现语文知识与生活的整合。

"走学校"

2003年秋天，宁夏的雾天比较多，雾气也很浓。这种天气很少见，于是老师带着一群二年级的孩子到操场上去感受、体验，孩子们欢欣雀跃，叫着、跑着、追逐着、体验着。老师相机引导学生说一个词、一句话，表达自己的感觉，然后回到课堂，学习儿歌《走山路》。

> 早晨一片雾，山里看不清路。
> 急坏了小猪、小鹿和小兔。
> 小兔领小猪，小猪拉小鹿，
> 扯着藤，扶着树。
> 一步一步走山路。
> 秋风婆婆来帮助，
> 呼——呼——
> 一下子吹散满天雾。

学生读得兴致勃勃，很快就会背了。

接着，老师布置了任务：仿照《走山路》编一首儿歌。孩子们跃跃欲试，一阵嚷嚷后，真的编了出来——

去上学

> 天上下大雾，上学看不清路。
> 急坏了小红、小兰和小杜。
> 小红拉小兰，小兰领小杜，
> 手拉手，靠边走，
> 一步一步去上学。
> 太阳公公来帮助，
> 唰——唰——
> 一下子赶走满天雾。

学生们都很喜欢这首儿歌，手舞足蹈地唱起来。后来还成了班歌，孩子都会唱。在这堂课中，语文与生活彼此成就了。

第三部分

寻找小学语文教学的三维整合平衡度

第一章 探寻平衡度的辩证法

第一节 平衡度的辩证观

在语文教学中实现整合不难,如何平衡三个维度却是难点。一般来讲,这个平衡度就如秤杆,很难达到100%的平衡,而且知识、能力、态度这三个不能量化的维度,在学生的认识过程中,难免会发生倾斜。尤其是在有限的时间内,受学习任务或学生自主学习的限制,难免会在一堂课里偏重了知识,而在另一堂课里偏重了态度或能力。只要老师带着整合的意识去调控每一堂课、每一个独立的教学内容,那么在完成整个教学过程后,三维目标都会被整合,整合度也会达到平衡。如果我们一味地平衡三维目标在每一堂课上的整合度,而省略了某个知识点的强化、掌握,弱化了对某一能力的深入挖掘,放过了一次对态度问题的讨论交流,就无法科学地实现三维整合。因此,我们整合三维目标时,要以马克思辩证唯物主义理论为指导,以动态发展的思想去调控。

第二节 人的综合发展观

文学即人学,语文教学必须要与人的培养联系在一起。人是一个综合体,其认知特点具有综合性。比如,人在品尝一种食物时,视觉、嗅觉、味觉、触觉同时作用于这一食物，使人对这一食物产生了一个印象，有了喜恶，下次再遇到这种食物时就会产生条件反射。人与人之间的交往也体现了这一综合性。交往时，除了理性上对他人有了了解，情感上还会有褒贬喜恶的选择。老师和学生之间、学生与知识之间也是一样。没有哪个学生像电脑一样，教师可以机械地向他输入知识，且储存量达到极限都没有怨言。学生学习时最令老师无奈的就是学一点就学不进去了。这是为什么？学生的需求是综合性的，伴随着知识的学习，他要有能力的实践，要有态度的参与。只有这些需求都得到满足，学生才能继续学习新的知识。所以，我们要综合地关注学生的学习需要，用好教材，发挥其知识、能力、态度三维整合功能，提高儿童的综合素养。

第三节　人文性与工具性统一观

新课标把语文课程的基本特点定位在工具性与人文性的统一上。那么工具性与人文性的关系是怎样的呢？在实际教学中要怎样做，才能使工具性与人文性统一起来呢？

一、工具性是人文性的基础

语文是最重要的交际工具，汉语拼音、汉字、词语、句子、标点符号等语言知识，听、说、读、写等方法，理解和运用语言等能力，都是工具性的内容。人文性主要指人的态度，如人文精神、人文思想、人文知识、社会能力等。只有掌握了语言这个工具，才能满足人文的需要。具体来说，就是只有具备了正确理解和运用语言的能力，才能解读人文知识，表达人文态度，抒发人文情感，阐述人文思想、人文价值观等。所以，在教学中，我们要引导学生重视基础知识的学习，不能抛开基础知识空谈人文。从语文课程的三维目标来讲，过程与方法、情感态度与价值观的实现都要以知识与能力为基础，不能舍本求末。

二、工具性服务于人文性

语文的字、词、句、段、篇，听、说、读、写都是为了发挥人文潜能而存在的，是服务于人文性的。因此，我们要重视学生对基础知识与基本技能的掌握，但要避免回到传统教学的知识本位、学科本位的老路上去，要认清工具性的从属地位，在关照人文性的前提下，学习基础知识、基本技能。如，识字时教师要分析汉字的美妙结构，激发学生识字的兴趣，关注学生是带着怎样的情绪态度去学习的，指导学生运用适合自己的方法去识字。这样的识字过程满足了人文的需要，摆正了工具性对人文性的服务地位。

三、人文性使工具性发挥作用

工具如果不被使用，它便失去了功能意义，只有在使用过程中赋予它意义，才能使它成为人类认知的延伸。从这个意义上说，语文必须要学以致用，如果学了不用，就无法体现其工具性。如扩词造句的练习、读与写的结合、写作方法的迁移运用等，都是工具性在人文性的支配下发挥作用的体现。

四、人文性使工具性的价值得以提升

人文性的浇灌会使语言这棵工具之树常青、再发新芽，具体表现在人类对语言的传承与创新。随着人类文明进程的发展，许多代表新生事物的词语被创造；还有旧词新用，演绎出新的含义；以及计算机语言的创造、电子通信语言的发明等。这都是因为人文性的养育，使工具性的价值得以发展、提升和丰富的见证。因此，我们在教学过程中要充分发挥人文的创造性，适应时代，引导学生追求人文性对工具性的能动统一。

综上所述，在语文课程中，工具性是逻辑判断，是客体；人文性是价值判断，是主体。两者经过矛盾运动才能达到和谐统一。教学过程中，我们不能把二者分离，也不能偏向一方，只有将它们和谐统一地应用在教学过程中，积淀在人的意识里，才能全面提高学生的语文素养，造就"立体"的人。

第四节　输入与输出平衡观

所谓输入就是阅读吸纳和生活体验，所谓输出就是思想情感的释放表达。这二者在语文学习的过程中要从不平衡走向平衡，再从平衡走向新的不平衡，良性涌动式前进。这是一种促进人的思维发展的能量平衡式运动规律。

一、由体验阅读到体验作文

阅读教学是学生、教师、文本、事物之间的对话过程。学生必须经过自己的创造、理解、构建、体验，才能形成自己的精神世界。在这个过程中，教师要相信学生的认识潜能，尊重学生的独特体验，解放学生的自主空间，归还学生探究的权利；以引导者、促进者的身份，用心挖掘教材中有利于学生体验、感悟的内容，创设有利于学生自主体验的环境，通过对话、辩论、诵读、想象、角色置换、课本剧编演等形式，将学生引入教材，引入艺术空间，引入自然、社会、生活，让学生设身处地去体验文学作品的主题思想、审美意境，体验语言文字表情达意的作用，体验文学、语言与人、生活、科学及其他艺术的关系。当这种体验阅读达到一定深度后，学生就会产生表达的欲望。此时，教师只要顺势引导，学生便会把自己的阅读感悟、见解付诸笔端，作文便水到渠成了。

以《蟋蟀的住宅》教学纪实为例：

师：学习了《蟋蟀的住宅》，你对小蟋蟀有什么印象？

生1：蟋蟀很勤劳。它用自己柔弱的爪子建造住宅，而且造得简朴、干燥、洁净。我很佩服它。

生2：蟋蟀很聪明。它选择住址时很慎重，一定要排水优良，有温和的阳光。这一点我也很佩服它。

生3：蟋蟀跟挑山工一样，有坚持不懈的精神。它用爪子一点一点挖掘泥土，很不容易。但它有耐心，不达目的不罢休。

生4：蟋蟀从不满足现状，房子建造好后，他会经常整修，打扫门口的卫生，收拾得很平坦。

师：对呀！蟋蟀勤劳、聪明，有锲而不舍的精神。它热爱生活，热爱自己的家园，能用自己的双手创造美好幸福的生活。我们人类真应该向它学习。现在，就让我们化身为小蟋蟀，去创造我们理想的生活乐园吧。请大家以《我是一只小蟋蟀》为题，写一篇想象作文。

因为阅读时已经创设了真实的情境，所以学生凭着童稚的想象，立刻将自己与勤劳能干的蟋蟀合二为一，开始设计属于自己的、特殊的家园。有学生写道："如果我是一只小蟋蟀，我会在住宅门口的平台上修建一个花园，引来蜜蜂和我做朋友。我还要建一座动物学校，教小动物们建造自己的住宅。尤其是寒号鸟，它不能总是等到冬天冷得不行才想起来垒窝，我要教会它在树上造楼房，这样它的孩子也有地方住……"学生的想象就是现代生活的写照，让蟋蟀的住宅也染上了时代的色彩。

二、由体验生活到体验作文

生活是个富矿，蕴藏着取之不尽用之不竭的课程资源。教师要在生活中做一个有心人，去发现，去挖掘，去开采。语文以文学为源，文学即人学，人学则以生活为源，因此，语文教学要回归生活。从体验作文的教学动机来讲，要让学生在自己全身心投入的体验中获得写作的灵感，燃烧写作的热情，使写作成为成长的需要，满足自己的认识本能、创造本能和建构自我的本能。

世界是丰富的，生活是丰富的，学生的感悟是丰富的，通过习作建构的学生的精神世界也是丰富的。从体验生活到体验作文，学生的习作就是一个万花筒，折射着生活的多彩，体现着人的心灵的丰富性。当学生体验到作文给自己带来的充实感、意义感之后，习作就成了生活的一部分，让生活充满了创造力。

三、阅读与生活相融合的创作

阅读体验往往与生活体验是密不可分的，阅读体验要以生活体验来进行验证，生活体验需要用阅读体验来升华，二者相辅相成。在体验作文中，学生需要从生活体验中获取素材，还要从阅读体验中获取写作方法，所以，往往是阅读与生活成就了学生的创作，实现了知识、能力、态度三维目标的整合，全面提高了学生的语文素养。

四、在输入与输出中实现超越发展

体验作文让学生把对文本的感悟与对人生的体验结合起来，获得个性化的认识，并能用恰当的语言形式表现出来。体验是主体把握和理解事物，并从本意到引申意升华的心理过程，它超越经验，是具有深意、诗意和个性色彩的高级认识。所以体验作文从输入到输出的平衡运行能够触及学生的情绪和意志领域，触及学生的精神需要。

体验作文是学生思想认识的成长轨迹，具有发展性。只有把从阅读实践或生活实践得到的认识与体验作文结合起来，认识才能上升一个层次。然后再将得到的认识在实践中验证，经历一个又一个"实践—认识—再实践—再认识"的过程，一个有知识、有思想、有能力的全人就构建起来了。

从体验阅读到体验作文，学生的思维需要经历"理解—内化—表达"的过程，语言也要经历"积累—模仿—创造"的过程。在这两个过程中，表达、创造就是学生把对文章的感悟以及与自身体验相共鸣的东西表达出来，展示自己的收获。这种收获渗透了许多个性化的理解，投射了阅读者个人的价值取向与情感意趣。

文学作品的言外之意、弦外之音都蕴含在字里行间，阅读时，我们要引导学生发挥想象力，使课文的情节更完整、人物形象更丰满、思想感情更丰厚。所以，我们要为学生创造条件、创设情境，让学生走进文章感受其内在美，再跳出来与自己的生活经验相糅合，写成文章，这就是超越教材。只有超越了教材，学生才真正实现审美与觉悟的发展。

第二章　教师在三维目标整合中的杠杆作用

第一节　建构单元教学内在联系

一、掌握单元内在机制

围绕一个主题整合教材内容，是小学语文教材编排的重要特点之一，我们在教学过程中应怎样用好这个功能呢？

首先我们要吃透教材。教材中每个单元的课文都是围绕一个主题编排的，所以在备课时，我们要牢牢把握主题，将不同的课文串联起来。

例如：2004年人教版二年级上册教材第四单元。本组教材包括识字4、《坐井观天》《我要的是葫芦》《小柳树和小枣树》《风娃娃》《酸的和甜的》《语文园地四》。

本组主题是"学会看问题，想问题"。我在备课中发现：识字4的成语很难，都是说理性成语。如：一叶障目、不见泰山、拔苗助长、徒劳无功……单凭查成语词典，学生还是不能理解这些成语。仔细研究全组课文后，我惊喜地发现，后面的课文每一篇都对应着一个成语。也就是说，每一篇课文都可以用识字4中的某个成语去说明课文的道理，表达课文的含义。如：《坐井观天》对应着"一叶障目、不见泰山"；《我要的是葫芦》对应着"拔苗助长、徒劳无功";《小柳树和小枣树》对应着"尺有所短、寸有所长、取长补短、相得益彰"。

发现了这些整合的机密,教法便明朗了。

识字4的成语先让学生囫囵吞枣,只要把生字消化掉就行了,到了后面的课文中,每学习一篇寓言故事或童话故事,我就带着学生先复习与课文相对应的成语,然后把它融合在对课文的理解感悟中,等课文的感悟到家了,成语的理解也便水到渠成了。

如:《小柳树和小枣树》的教学。单就这篇童话故事而言,很简单,学生很好理解,但要有意识地渗透成语"尺有所短,寸有所长"就不那么简单了,必须引导学生赏析小柳树和小枣树的形象:春天,小柳树能够长出又细又长的叶子,但它不会结果实;小枣树能够结出又红又圆的果实,但它在春天不长叶子。再联系生活经验对比它们给人的好处:春天,小枣树不长叶子,小柳树可以为人们遮阴;秋天,小柳树不结果子,小枣树可以为人们提供又红又圆的果实。这就是"尺有所短,寸有所长",小枣树和小柳树只有取长补短,才能相得益彰。学生的理解水到渠成。如此,成语理解了,课文的道理也明白了。

所以,只有这样用心领会教材整合的目的,厘清教材整合的原则,才能在教学的过程中落实整合的意义,充分发挥整合的作用。

二、建立单元知识结构

小学语文教材每个单元的课文都是围绕该单元的主题编排的,这样的编排有利于螺旋式培养并发展学生的语文能力,使学生的语文素养得到全面的提升。

为充分利用教材中的单元主题以及单元之间相互承接、相互贯通的编排关系,我们在教学中应注重单元教学完成后的综合整理,引导学生在复习所学的同时提升自身语文素养。

我曾在教授小学语文六年级上册第二单元时,借助单元主题"以爱贯篇,升华情感",将教学内容进行综合整理,收到了事半功倍的效果。

首先,我引导学生领会读写例话《体会课文的思想感情》的意义,明白读课文要把心放进课文里去体会文章的思想感情；随后又引导学生返回课文中，在学习第一篇课文《荔枝》时，让学生抓住文章中的重点句子和细节描写体会人物情感。在阅读课文时，试着把心放进文章里，想想"儿子"的心，再想想"母亲"的心，只有心与心达到共鸣，才能真正体会出文章的思想感情，而只有体会出了文章的思想感情，才能品尝出文章的真滋味，才明白阅读是一种享受。在本单元后面几篇课文的学习中，学生可以将这种真切的体会迁移其中，用心感受文章中作者表达的思想感情。通过本单元的学习，学生充分感受了爱母亲、爱国家的珍贵感情，并在此过程中实现了与作者、与人物"对话"。

这一系列引导使学生明白了为什么要体会文章的思想感情，怎样体会文章的思想感情，在此基础之上，引导学生继续扩展爱的维度，从爱母亲升华到爱祖国、爱自然，不仅对单元主题进行升华，还为下一单元"了解地球，探索宇宙"奠定了情感基础。

这一堂综合整理课对六年级学生的阅读能力起到了很好的提升作用。实践证明，单元教学之后，围绕单元主题引导学生做综合整理，能够促进学生语文素养的全面提升。

第二节　领悟教材育人内涵

好文章给人的启发是多方面的，而且越是内涵丰富的文章，对不同层次、不同年龄的人的启示越是多方位、多角度的。正如莎士比亚所言，一千个读者眼中就会有一千个哈姆雷特。

课文《陶罐与铁罐》就有这样的艺术效应。我从这篇课文中感受到了多层启示，除了教学参考书中提到的，人都有长处和短处，要看到别人的长处，还体会到世间的事物常常是过刚易折，在一定条件下，事物的优点和缺点会互相转化。在课堂上，我也想听听孩子们的理解。

师：你喜欢课文里的陶罐还是铁罐，为什么？你从他们身上得到了什么启示呢？

生1：我喜欢陶罐，我从陶罐身上学到了做人要谦虚，不能骄傲，谦虚才是为人处世之道。

生2：我懂得了看一样东西不能只看外表是否美观，还要看它有没有用处。

生3：我知道了事物都有优点和缺点，人也一样，我们要学习他人的优点。

生4：老师，我还得到一种启示，陶罐一开始只是国王的御橱里的一件普通生活用品，许多年过去之后，它就变成了珍贵的文物了，这就说明时代变了，世界上的事物也会随之改变。

从学生收获的启发中可以发现，他们思维的广阔程度超乎我们的想象。于是我想起了课标中提到的在语文教学中，使学生受到辩证唯物主义的启蒙教育。如果没有课堂实践，站在成人的角度凭空想象，我们可能会觉得这种提法过于高深，但孩子们在课上表达出的种种观点，让我对课标的要求有了更深入的认识。

假如教师在课堂上对《陶罐与铁罐》的寓意只向着一个方向引导，那么，学生的思维如何开发，认识如何提高，他们的语文素养怎样得到全面提升呢？

整合，往往就是需要我们解放思想，多角度拓展教学思路，才能创造新的课程价值。

第三节　融入学生思维的互动创造

教学的过程应该是师生共同体验、共同创造、共同展示生命活力的经历。

爱因斯坦曾说，教育就是当一个人把在学校所学全部都忘光之后剩下的东西。我做了几十年教师，深切地体会到，教学就是多年后回想起来依然让你激动和幸福的师生互动过程。

2011年小学二年级下册语文教材中编排了一首富有语言韵律和人文情趣的诗歌——《春雨》，在教学过程中，学生读得有滋有味，甚至全身心地融进了诗中构建的世界。我认为应该引导他们适当跳出课文，创作属于自己的"春雨诗"。学生们经过几分钟的思考，很快，属于他们的"春雨诗"便脱口而出。

生1：

春雨沙沙，春雨沙沙，

落在田野，种子发芽；

落在花园，催开迎春花；

淋湿我的头发，我要发芽；

滋润我的大脑，我要开花。

生2：

春雨沙沙，春雨沙沙，

降在大海，唤醒青蛙；

落在果园，点开杏花；

爷爷乐得笑哈哈。

生3：

春雨沙沙，春雨沙沙，

小鸟叽叽喳喳，

叫醒我们，

和小树一起长大。

春雨沙沙，春雨沙沙。

在孩子思维的撞击下，我的灵感也闪烁着火花，于是即兴创作了一首诗：

春雨沙沙，春雨沙沙，飘飘洒洒，走遍天涯。

唤醒小鸟，叽叽喳喳；唤醒青蛙，咕咕呱呱。

唤醒小草，腰肢挺拔；唤醒娃娃，快快长大。

在创作诗歌的过程中，孩子们非常激动、兴奋，我也跟着激动、兴奋。我们的心灵像是拉开的琴弦，手指像是放开了灵感的音符，诗歌的韵律在纸上顽皮地跳跃。这一节课，我与孩子们共同创造，让滴滴春雨融入他们快乐的童年。

这就是真正的教学，教师与学生思维共振、情感共鸣、平等对话，共同享受文学的意趣。融入创造力的课堂是令师生难忘的，在这样的课堂上，孩子们学到的不仅是书本上的知识，更是勇于创新的精神。

第三章　三维目标割裂反思

第一节　由考场习作引发的反思

2008年1月7日，宁夏银川市兴庆区教研室在对小学五年级的语文进行水平抽测时，出了这样一道习作题：

在银川中山公园的西门外，有一尊铜塑像：一位慈祥的回族老爷爷赶着牛车，车里坐着他的小孙女，正在啃着玉米；车后面，淘气的小孙子追上来正要爬上牛车……可悲的是，有些不讲公德的游客，或登上车子，或骑上牛背，拍照、嬉闹，近两年，这尊塑像中的小男孩、小女孩、牛角、牛尾巴，还有老人手中的鞭子不时被人盗走，而且屡修屡盗。请你以牛的名义写一封信，呼吁人们爱惜和保护这尊城市塑像。

听监考老师说，考场上，这道题把学生难住了，很多同学盯着试卷不知从何下笔。阅卷老师也反映，这篇习作同学们平均分并不高。我认为这道题出得别出心裁，于是在考试之后召集了几位同学，和他们一起讨论。同学们纷纷反映，他们面对题目不知如何下笔是因为以前没写过这类习作。于是我启发他们：这篇习作就是让我们站在牛的角度上去思考问题，体会它的心理活动，用拟人的口吻说出牛的心里话。接下来，我与孩子们一起分享了下面这篇习作。

亲爱的游客们：

　　你们好！

　　我是一头回乡的牛。我在乡下为主人耕耘了大半辈子，终于，家乡富了，我也能拉着主人到城市里来转转。城里的东西真稀奇呀，楼那样高，小汽车跑得那样快，这些我在乡下可没见过。城里的人也很热情，他们常常给我拍照，公园里的小朋友们有的爬上我的背与我嬉戏，还有的跳到我的车上来玩，虽然有时候弄得我站立不稳，但我很喜欢这种亲近的感觉。可是渐渐地我发现，老主人手中的鞭子不知何时让人拿走了，我的小主人也一个个不见了，我急得不知如何是好。那天，竟还有人伸手来掰我的耳朵，拽我的尾巴，疼得我差点晕了过去。看着老主人高举着空荡荡的手，我的车上也再没了小主人们的欢声笑语，我伤心极了。我想念老主人严厉的鞭子，想念小主人们可爱的脸庞，想念我那威风凛凛的犄角和潇洒摆动的尾巴。好心的人们，你们谁能帮帮我，帮我找回昔日的欢乐和雄风，让我们一家团团圆圆地在公园里见证美丽银川的四季更迭吧！哞——

　　让学生学会运用生动的语言进行温馨的提示，才是出题人的本意。我和孩子们一同读完这篇习作，他们感到从中收获颇多，一个个都摩拳擦掌，也想提笔练一练。于是我请大家转换角度，以赶车老人的名义给广大银川公民写一封信。下面是其中一位同学的习作。

亲爱的乡亲们：

　　你们好！

　　我是一位回族老汉，我热爱我们的家乡，这些年来，我们的生活是越来越好了。这不，我赶着牛车，带着我的孙子、孙女来逛逛这银川城。银川的变化真大，城市真漂亮。瞧瞧，中山公园的景色多美，树又高又绿，花儿又多又鲜艳。再看马路上的小汽车，跑得多快呀，路旁的高楼，怎么那么高呀！我真想在这儿多待几天呀。可是，不知什么时候，我的小孙子和小孙女都不见了，我的鞭子也让人夺走了，就连为我们拉车的老牛，都让人拽断了尾巴，掰掉了耳朵。天哪，是谁这样不讲道德呀！

　　乡亲们，请你们快来帮帮我，帮我找回我的孙子、孙女，为我的老牛治治伤。现在这个样子，我可怎么回家向我的老伴交代呀！

瞧，经过一番思维碰撞，学生的思路被打开了，学会了转换视角和口吻，语言也更加贴合人物。学生们习作的变化，让我意识到，许多时候，他们分数不高，并不是因为语文能力不足，而是因为学生的思维模式与出题人的出题理念不一致。如果我们能多站在学生的视角，以他们能够理解的方式开展教学，相信师生都会收获更美好的教学体验。

【反思】

通过这个例子，我们可以发现，许多时候老师出题的本意是好的，但学生却很难答出符合老师期待的内容，成绩不尽如人意。出现这种问题的原因有两方面，一方面，面对考场的严肃气氛，学生的思维过于紧绷，不能以开阔的视角寻找问题的答案；另一方面，出题人设计题目的时候，有时会忽视学生的认知水平和理解能力，所出的题目让学生无从下手。

三维整合，就是要让老师从学生的角度去思考，把课堂知识和学生的认知能力结合起来开展教学工作，把课堂还给孩子，让学生的语文素养和心智水平同频进步。

第二节　关于"语文味儿"的反思

2009年前后，"语文味儿"成了教研活动中的热点话题。许多语文教育从业者开始追溯语文的根，诸如：语文知识指什么？语文学科要培养的能力有哪些？语文课上，教师究竟要教给学生什么？学生究竟应该获取什么才无愧于语文课？那时的教育界自上而下强烈地呼吁，语文教育要返璞归真，课要上出"语文味儿"。于是，大家开始警惕地审视语文课堂有没有跑了语文味，教学过程中哪些内容是非语文的东西。但是，作为一线教师，我们却深感困惑。这"语文味儿"怎样提炼，似乎也都不够纯正，常常不经意间就掺杂了其他的味儿，比如："思品味儿""历史味儿""哲学味儿"，等等。这些"异味儿"与语文课丝丝缕缕，牵连不断。

就如在执教季羡林的《自己的花是让别人看的》一课时，我就"如何帮助学生理解'人人为我，我为人人'的含义"，进行了多次说课磨课。这句"人人为我，我为人人"看似简单，可如何摒弃其中的"思品味儿"，只保留纯正的"语文味儿",这让我有些摸不着头脑。我开始从"语文味儿"的源头思考——"语文味儿"是什么?是汉语的语法、修辞,还是汉语的蕴意,以及承载蕴意的语言形式?想到这里,我似乎有了一点头绪。

从句子成分上来讲,"人人为我,我为人人"是个最简单的复句,无法缩,也无法扩。因此,考虑到复句间的逻辑关系,我们可以用一组关联词语帮助理解,如:因为人人为我,所以我为人人;只有我为人人,才能人人为我。这样一变通,似乎有了点语文的味道,但仔细一品,这"语文味儿"里掺着"哲学味儿"。这条路似乎走不通,那再从别的角度找找"语文味儿"吧。我试着反复诵读原文:

家家户户的窗子前都是花团锦簇,姹紫嫣红。许多窗子连接在一起,汇成了一个花的海洋,让我们看的人如入山阴道上,应接不暇。每一家都是这样,在屋子里的时候,自己的花是让别人看的;走在街上的时候,自己又看别人的花。人人为我,我为人人。我觉得这一种境界是颇耐人寻味的。

读出声,读出情,读出意,读出神,读得入心入肺,读得浮想联翩。我越读越觉得,这样好的文学作品,若是逐字逐句拆解开,只为追求纯粹的"语文味儿",实在太过可惜。

迷茫之际,我翻开了《义务教育语文课程标准(2001年版)》:

九年义务教育阶段的语文课程,必须面向全体学生,使学生获得基本的语文素养。

语文课程应激发和培育学生热爱祖国语文的思想感情,引导学生丰富语言积累,培养语感,发展思维,初步掌握学习语文的基本方法,养成良好的学习习惯,具有适应实际生活需要的识字写字能力、阅读能力、写作能力、口语交际能力,正确运用祖国语言文字。语文课程还应通过优秀文化的熏陶感染,促进学生和谐发展,使他们提高思想道德修养和审美情趣,逐步形成良好的个性和健全的人格。

看到这段话,我的心中豁然开朗,所谓"语文味儿",是要将各项语文素养和谐统一,共同形成学生的语文能力,把其中的任何一部分与语文素养的整体割裂开,都不能称为完整的语文教育。

那么季羡林老先生的这篇散文《自己的花是给别人看的》中,"人人为我,我为人人"究竟怎样上出语文味儿呢?

1. 联系上下文，在语言环境中感悟境界

当课文讲读到这里的时候，不能抛开课文去分析"人人为我，我为人人"的含义，也不能单纯地围绕这句话让学生从生活中去寻找这样的事例来论证，更不能由教师去揭示它深刻的内涵，这样都会把语文课上成思想品德课。"人人为我"在这篇文章中并不是一个德育观点，而是作者表情达意的凭借。教学目标中要求学生理解这句话的含义，那我们就应该从语言的角度出发，理解它的含义。因此，在教学过程中，老师要带领学生追溯这句话在文中的出处，体会它所表达的内容。文中作者描写了德国人爱花和德国人是怎样养花的，并进一步写出了德国人养花的原因。

每一家都是这样，在屋子里的时候，自己的花是让别人看的；走在街上的时候，自己又看别人的花。人人为我，我为人人。我觉得这种境界是颇耐人寻味的。

看，"人人为我，我为人人"，这句话在作者的笔下来得自然、流畅、贴切，没有什么高深晦涩的用意，只是描写了德国人养花的理念。所以，我们在教学时，只需把这句话还原到文中养花的情景里，无须将其迁移到品德方面。其实，即便老师不对这句话进行过多的迁移，学生们或多或少也能读懂其中蕴含的美好品质，有时，经典的语言不需要过多的解释，留出一定的空间让孩子自己去体会，这也是一种"语文味儿"。

2. 与文章题目相照应，在语言链接中感悟中心思想

"人人为我，我为人人"是《自己的花是给别人看的》这篇课文的中心句，它所表达的内容和课文题目是相互呼应的。"自己的花是给别人看的"反过来也可以说成"别人的花是给自己看的"，这不正是"人人为我，我为人人"的体现吗？通过语言的解构对学生进行思维启迪、思想启蒙，这也是一种"语文味儿"。

3. 与单元专题相联系，体验民族风情美

《自己的花是给别人看的》所在单元专题是"不同地域的民族风情"，这篇课文以德国人独特的养花哲学，展现了日耳曼民族独特的民族风情。课文的中心句"人人为我，我为人人"，正是作者对其他民族精神的一种赞赏。师生通过这一层含义，了解作者的写作目的，这又是一种"语文味儿"。

第四部分

寻找语文教学
三维目标整合点

第一章 最能体现三维整合功能的语文资源在哪里

第一节 发现综合性学习的价值

2006年,新课程实验已经走过了六个年头,其间,教育者的思想观念发生了艰难裂变,广大一线教师潜心进行探究与实践,还有受教育者成长与发展的检验……在这丰富而又充实的过程中,我们作为一线的教育工作者,既感受到了国家教育方针与政策的宏观变革,也感受到了基层学校教情与学情的微观变化。回首这段教学历程,回窥学生的发展变化,自己感慨万千。

毫无疑问,新课程改革是明智的,新课程实验是成功的。这样能够既开发学生,又开发教师,既适应人的发展要求,又适应社会发展要求的课程前所未有。感慨之际,禁不住重又捧起了语文课程标准,这是我们一线教师进行新课程实践的指导性纲领。最初,我们就是循着它的指点蹒跚学步,走进新课程的,但是,因为没有经验可依托,所以摔过不少跤,走过不少弯路,甚至也曾迷茫过。

比如《义务教育语文课程标准(2001年版)》总目标:

1. 在语文学习中,培养爱国主义感情、社会主义道德品质,逐步形成积极的人生态度和正确的价值观,提高文化品位和审美情趣。

2. 认识中华文化的丰厚博大，吸收民族文化智慧。关心当代文化生活，尊重多样文化，吸取人类优秀文化的营养。

3. 培植热爱祖国语言文字的情感，养成学习的自信心和良好习惯，掌握最基本的语文学习方法。

……

在新课程实验刚开始的时候，我总觉得这是很宏观很抽象的东西，经过了多年的实验历程再看，感觉这些目标是那样具体实在，每一个目标中的每一个要求都能够找到可以依附的凭借以及实现它的策略、途径和方法。

以上述第二条目标为例，它的实现策略和途径就是新课程实验教材编排在各学段的综合性学习专题，如："民族传统文化""遨游汉字王国""轻叩诗歌的大门"……如果没有亲身的教育实践，我们可能会认为课程标准对小学语文教学目标的描述是大而空的。但是，如果你真正与学生一起开展过几次综合性学习，就会发现，新课标中制定的总目标是可以有效实现的。

回顾学习五年级下册中的综合性学习"遨游汉字王国"的过程，我至今仍感到有些激动。在综合性学习中，学生不仅了解到了汉字的造字特点、演变过程，领略了汉字的象形美、音韵美和意蕴美，还以个性化的眼光发现了汉字结构的规律（如汉字双胞胎：沐浴、蹒跚……汉字多胞胎：汹涌澎湃、魑魅魍魉……）；发现汉字结构的布局之美（如耍杂技的汉字：彪、鑫、鼎……捉迷藏的汉字：藏、疆、噩……）；领悟汉字与做人之间的道理（如汉字为什么要写在"田"字格内，就是要我们从小学会遵守各种社会规则，而且在集体生活中要互相谦让，有所收敛，不能任由自己的个性伸展，要顾全大局）。

我相信，学生们在"遨游汉字王国"能有如此的感悟，那么课标中要求的热爱祖国语言文字的情感一定已然在他们的心底静静生发，课标中设计的目标，也会在这样一节节综合性学习的课堂上，悄然达成。

第二节　整合是阅读教学中随处可以发生的

综合性学习作为一个独具特色的领域，首次成为语文课程体系中的有机构成部分,常被认为是"2001语文课程改革"的一大亮点。基础教育阶段的不同学段教学目标中都对综合性学习提出了具体要求,每一学期的新课程实验教材也都编排了专题综合性学习的内容,而且新课标教材的体系设计,也都是以三维目标的整合为理念的。新课标教材的实施也提倡教师开发教材的整合功能,实现三维目标的整合。深入了解新课标的思想理念后,我们不难发现,在新课标实验教材中,不仅对专题综合性学习的内容要进行整合教学,在其他阅读单元也要以整合教学的理念开展综合性学习,教师在教学时不能将教材随意拆解,零敲碎打。

如:2012年的小学语文新课程人教版实验教材小学五年级上册语文教材第四单元的主题是"生活的启示",教材编排了《钓鱼的启示》《通往广场的路不止一条》《落花生》《珍珠鸟》四篇课文以及口语交际"生活中的启示与思考"和习作"'文明只差一步'看图作文"。在开展教学的过程中,教师必须始终坚持整合的理念,即让学生一以贯之地体会文中生活给人的启示,领会文中作者的思考和觉悟过程。

这一单元的课文,主要是让学生联系自己的生活体验,体会课文中作者的做法在成长过程中的意义,从而收获知识和启示,这就是教学中整合的过程。

我们在说课磨课的过程中,曾发现有的教师把这些课文一篇一篇独立地去讲读,忽略了单元主题,这样的教学远离了新课程整合的意图,也没有把教材整合的功能开发出来。

走进新课程以后,许多教师心目中都有三维目标这样的概念,但就是不指导应该怎样来整合。事实上,教材的编排已经体现了其整合的意图,我们只要按照教材的单元主题引导学生学习课文,就可以实现整合。因此,在备课阶段,教师就应该从教材编排入手,研读课程标准,践行整合理念,并以此指导教学活动的开展。

站在新课程的平台上回顾旧课程,其最大的区别有两点:第一点,其内容上增加了综合性学习;第二点,其教学重心实现了从知识到学生的转移。这两点其实可以整合为一点,那就是以综合性学习来实现课程重心由知识到学生的根本转移。事实证明,只有综合性学习,才能真正实现这个转移。一方面，综合性学习可以有效转变学生学习方式，让学生学会自主、合作、探究；另一方面，只有综合性学习可以转变教师的角色定位，让教师成为学生学习的引导者、参与者、帮助者。综合性学习可以把知识变成被动的东西，让学生去主动地发现、搜集、整理、交流、汇报、实践、创新，这个学习过程是以学生的主观能动性为驱动的，其学习成果也会因学生的个性化特点而有所不同。

因此，我们在制定师生考核评价标准时，应该注意以下问题：考评过程有没有对教材中的综合性学习部分进行考核？教师在一个学期的教学过程中有没有带领学生开展过一两次扎扎实实的综合性学习实践活动，学生在综合性学习的过程中是否充分发挥专注性和创造性？综合性学习的交流过程有没有体现不同学生群体的个性化特点，能否激发他们的情感、价值共鸣？

小学语文综合性学习是新课程理念下的一项重要创新，它旨在促进学生语文素养的整体推进和协调发展。新课标实验教材在每一册都编排了两次综合性学习的主题和内容，要求教师把综合性学习纳入日常课时安排，可见其重要性。我在综合性学习的实践中体验到了其设计价值，同时也领悟到，这一部分的学习要求教师引领学生走出课堂，走进生活，借助多种方式全面提升学生语文素养。

第三节　寻找小学语文综合性学习的多样主题

一、从阅读内容中寻找活动主题

在执教完小学六年级下册语文教材第一单元《藏戏》一课后，学生对我在课上展示的与藏戏有关的音视频资料和相关图片非常感兴趣，于是我趁此机会组织全班同学开展了"遨游戏曲王国"的综合性学习活动。课前，学生们分小组搜集不同种类的戏曲的相关资料，并按照特点、服饰、妆造、道具等分类整理。

收集整理工作完成后，同学们在课上按照以下环节进行汇报交流：知

69

戏——介绍你们小组收集的是哪种戏曲，并借助搜集到的资料对这一剧种进行整体介绍；听戏——各个小组播放自己介绍的戏曲音像资料选段；品戏——说说自己最喜欢的是哪一种戏曲，并讲清原因；学戏——教师出示了一段简单的戏曲片段（如现代京剧《说唱脸谱》的选段），同学们一起学一学、唱一唱；谈戏——以个人视角谈谈自己这节课的收获，并把它写下来。

在这节综合性学习的课堂上，学生始终保持着高涨的探究兴趣，尤其是在"学戏"过程中，几个调皮的男生居然站起来，边唱边学着戏中的动作比画起来，逗得全班同学哈哈大笑。热闹课堂过后，我让学生把自己的收获写下来，有的学生是从这节课的"趣"字入手，写了《一节有趣的语文课》；有的学生是从实践活动过程的体验入手，写了《采得百花酿成戏》；有的学生从感叹祖国戏曲文化丰富博大的角度出发，写了《我爱你——瑰丽的戏曲》……学生的收获，虽然语言稚嫩，但都发自内心地表达了他们的真情实感，表达了他们进入戏曲世界的欣喜和发现。

在综合性学习的课堂上，学生自主观察、体验、收集、整理、交流、表达的过程，灵活而富有创造性地将语文的触角延伸到艺术、历史的领域，既实现了学科知识的整合，又实现了艺术素养的启蒙，还培养了学生的探究精神，最重要的是锻炼了学生的语言运用能力，激发了学生对语言表达的兴趣，这就是语文综合素养提高的重要路径。

二、从家乡文化中提炼主题

"故乡，是我们年少时想要逃离的地方，是我们年老想回可能已经回不去的地方。"人们对故乡的情感会随着时间的推移越来越浓厚。面对年少尚不知乡愁的孩子们，如何引导他们积淀对故乡的热爱和眷恋之情呢？在小学阶段的语文学科中，最好的方式就是把这一情感培育过程嵌入综合性学习课程中，激发每个学生和而不同的热爱家乡的情感。

我们所处的宁夏大地，曾被《中国国家地理》杂志这样描述，宁夏平原，贺兰山护着，长城守着，黄河抱着。贺兰山是父亲山，黄河是母亲河，自秦朝到明朝修筑的长城在宁夏都留下了遗址，宁夏又被称为中国长城博物馆。宁夏作为中华文明重要载体的一部分，这里的在地风物无不见证着民族文化的发展历程，于是我们将在不同风物的系列课程中，带领孩子认识家乡，体会文化，唤醒他们作为宁夏儿女的精神基因。

1. 项目简介

从"枸杞"单方课程到"贺兰山寻"复方课程，再到"黄河纪行"系列课程，我们五年时间做成了一个基于宁夏在地风物的课程群，以一物连通世界，构建起无边界一体化的、学科融合、古今贯通的中国传统文化通识教育路径，回归儿童本位，启蒙儿童心智，培养有家乡情怀的中国君子，培养有世界眼光的未来公民。

2. 课程建构方案

逻辑架构——以枸杞、贺兰山、黄河作为三大研学目标，分设若干研学子项目，每个子项目架构为：科学板块解决"是什么"，人文板块解决"为什么"，艺术板块解决"怎么做"。每一个课程由核心探究问题统领，经过"识物、器物、化物"的认识三阶达成课程目标。

学习方式——遵循"物—器—道"认知三阶，以"问—思—辨"逻辑思维启发学生自主探究，以研学、游学、实践体验为项目式学习方式，融合教育与生活，整合学校、家庭、社区教育联动。

实践探究——课程以一个具体物象开启学习过程，首先，打开孩子们的感觉器官，去看、去闻、去听、去触摸，感知事物本体，使感官苏醒；随后，倾听孩子的心声和发问，根据他们的求知问题引导探究；最后，引导孩子在自主探究过程中分工合作、交流分享，在交流过程中产生问、思、辨，进入更深度的学习。

3. 课程实施过程

确定课程的定位目标。宁夏在地风物课程研发与实践的初衷都是突破学科框架，全面发展学生的核心素养；以项目式学习，改变教师的教学方式，解放学生的学习力。

课程群里的每一个项目都以"学—问—思—辨—行"为过程进行探究，致力于发展学生的"感知力、审美力、思维力、创造力、表达力"。课程中构建的"科学、人文、艺术"三大板块，相互交融，以"万物启蒙"思维，引导学生借助在地风物，了解自己生活的这片土地，建立与家乡密不可分的联结，从而树立文化自信，铸就家国情怀。

课程以一个具体物象开启学习过程。首先，以真实的感官体验，引导学生认识事物本体；随后，让学生自主质疑、自主发问；最后以自主探究寻找问题答案，并将自己的所知所得与同伴交流分享。这一课程实施过程，始终以"儿童本位"为指导，珍视儿童思维、兴趣、探究欲望、创造潜能。在学习过程中，教师始终以辅助者的站位，引导学生以自己的方式探究课程核心问题。

宁夏在地风物课程群以学期为单位开展不同物象的课程组，教学过程实施方案只对整体框架进行预设，实际课程开展过程是以学生的自主探究和师生的无边界探索组成的。实践、体验、探索、发现是这一系列课程最主要的实施方式，在这一课程项目中，教师、学生都是自主的，每一个课程环节都是有个性、有协作、无边界的。

4. 课程实施基本原理

（1）以一物联通世界原理。本课程以宁夏风物为研究对象，遵循"物—器—道"认知三阶，包含"定义、形式、变化、功能、原因、联结、观点、关系、表达"九大概念，以"学—问—思—辨—行"为探究方式，发展学生的感知力、审美力、思维力、创造力、表达力。课程实施以综合实践活动为主，打破学科界限，打破空间界限，打破教材界限，让孩子对事物进行整体认知、整体体验、集体探究。这一课程群不仅渗透着中华优秀传统文化通识教育的基因，引导学生"以万物，成见识，致良知"，也融合了西方逻辑思维的训练，让学生获得"以一物联通世界"的思维方式，全面发展学生的科学素养、人文素养、创新素养，形成创新人格。

（2）教学相长原理。以学生问题为驱动，让学习真实发生，形成问题矩阵，探索知识结构的形成过程。问题链接从低结构到高结构，从本学科到跨学科，从自我到世界，从真实到虚拟，从感性到理性，从具象到抽象，整合大量信息，形成思维建模。在寻求答案的过程中，采用多维度论辩，强化汉语最薄弱的实证探究和群体逻辑审辩。要实现这个学习过程，教师就要重回学生时代，做一次"研究生"，转型成一个探究者、思考者、交流者、反思者，一个知识多元、心胸宽广、富有家国情怀、敢于独立创新、善于谦虚合作、具备完整人格的人。在这个过程中，教师和学生走进了共同成长的生命历程。

5. 课程实践价值

儿童学习需要从故乡开始。我们生活在宁夏这片广博的土地上，与枸杞、贺兰山、黄河相伴成长，师生以这些自然风物为课程线索，从生养我们地域出发向远古追溯，向未来延伸，在格物的过程中打通孩子在历史长河、自然山川以及中华民族优秀文化中穿梭的通道，从感知到体验再到人文的升华，感知万物的生长，找寻自然对生命的关照，体悟人类智慧对自然馈赠的再创造。

三、从社会热点中寻找主题

在"大语文"框架下，生活中的许多素材都可以作为学习资源。如何在生活中寻找学生感兴趣又适合综合性学习的教学素材，是教师备课的重点。

2008年5月12日，汶川发生8.0级大地震，一时间，全国上下都沉浸在悲痛和焦虑中。为了让同学们更加深刻地认识自然灾害的严重性以及四川同胞所面临的艰难处境，我与同学们一起开展了主题为"关注汶川，救助同胞"的综合性实践活动。我将本次活动分成了三个板块进行：

1. 心之痛——我所知道的汶川地震

课前学生通过各种媒体收集汶川地震的相关数据和资料，小组合作整理成图文并茂的新闻手册。通过真实的场景图片和数据，引导学生体会地震带给汶川同胞的巨大灾难，激发学生的民族痛。

2. 心之撼——地震中的感人故事

课上学生将自己搜集到的抗震救灾感人故事分享给其他同学，形成情感共鸣，学习救灾一线的部队官兵和人民百姓与自然灾害斗争的勇敢精神。

3. 心之力——中国的精神是什么

一幅幅令人撕心裂肺的真实图片，一个个令人荡气回肠的英雄故事，带给学生的是心灵的冲击。在最直接的情感冲击之后，是要让孩子们学会坚强、学会奉献、学会爱。于是，在课后，我让同学们写一写自己心目中的"中国精神"，把这堂课的内容从一个个感人的场景和事件升华到对抗震救灾精神的深入理解。

有学生这样写道：

读了《梅花魂》，我知道"中国精神"就像梅花一样，在冰天雪地中也能傲然地开放。汶川地震中的解放军叔叔用自己的手和脚开辟了一条条生命之路；九岁的小林浩面对危险，仅凭一己之力救下全班同学……他们的精神就如傲雪寒梅一样，在无情的自然灾害中，闪耀着火红的光芒。

六十多岁的老人本该在家含饴弄孙，享受天伦之乐。可我们的温家宝爷爷却不是这样，他几夜都没有休息，从一个救援现场到另一个救援现场，从一个帐篷到另一个帐篷……他为人民服务的精神就是"中国精神"……

通过这节综合实践课，孩子们救助同胞的积极性被充分激发出来，在随后进行的为灾区募捐活动中，学生们用行动践行着自己心中的"中国精神"，践行着一个中国少年的社会责任。

这次综合性实践活动，把学生从教室这一封闭的空间中"拉了出来"，将抗震救灾的生活场景展现在他们眼前。在搜集资料、交流分享、文字记录的过程中，学生深刻体会到伟大的"中国精神"，激发了内心的爱国情感和民族精神。这一节综合实践课，既提升了学生搜集信息的能力，也锻炼了口语交际能力，还深入体会了"中国精神"的情感内核，这就是三维目标的整合，而这种整合的结果就是语文素养的全面提高。

实践证明，灵活地寻找语文综合性实践活动的主题，多样化地开展综合性学习，是落实三维整合目标、提高学生语文素养的有效途径。一句话，最能体现三维整合功能的语文资源就在综合性学习中。

第二章 语文教学三维整合的点在哪里

第一节 语文教学已进入了元素建构时代

这是一个关注元素的时代，如今，人类已将文明和科技的发展聚焦于构建物质的最小元素上。语文教学自然也离不开语文元素。那么什么是语文元素呢？语文元素就是构成语文的最基本的材料，即汉字、词语、标点符号、语法等。运用语文元素设计教学是当代语文教学返璞归真的回归点。这个回归点看似复古，实则是一种超越。事物发展总是螺旋式上升和波浪式前进的，语文元素在教学中的回归，就是一种螺旋式上升的过程。

在当下的语文课堂上，许多字词和标点又成了教学的重点，但再次关注这些重点元素，并不是只关注其本身的含义和作用，而是需要与课文内容结合，理解它在文中的意义和它对文章表达起到的作用。引导学生关注语文元素从工具性到人文性的转变，便是语文教学的新目标。

如名师盛新芬执教《青海高原一株柳》一课时，就紧紧抓住了一个语文元素——"撑立"，这其实就是全文的"原子核"，因为它不仅包含了词语本身的含义，还将文章中所包含的精神力量展现出来。盛老师在引导学生以"撑立"一词为"原子核"进行意义建构之后，这个"原子核"所赖以存在的"原子"更新为"伫立"，到此，文章中青海高原一株柳的形象就清晰地树立起来。这就是语文元素建构的创造功能。

再如名师支玉恒的《最珍贵的东西》一课，他在深入研读课文的基础上，凭借自己丰厚的人生阅历和教育智慧，深入浅出地抓住一个语文元素——"东西"，这样一个既普通又不具有确定指向的词语引领学生把握课文内容。在支老师的启发下，学生逐渐从课文中挖掘出了它的双重概念：物质和精神。可见，语文元素真正具有四两拨千斤的功能，抓住了一个语文元素，就相当于抓住了语文课堂的"牛鼻子"。

如今，语文教学已进入了元素建构时代，我们作为语文教师，要具有敏锐而深邃的目光，整体把握课文内容，发现其中重要的语文元素，并借助语文元素，引领学生回归母语语境，提升语文素养。

第二节 语文元素说

元素是指事物的组成部分。语文是语言、思维、情感的共同体，所以语文元素也包含这三个方面的内容。

其中，语言元素主要包括语音、词汇、语法等；思维元素可以理解为表达方法，主要包括修辞手法、写作手法等；情感元素主要包括语言中所蕴含的思想、情感、态度、价值观念等。对于每一篇课文而言，它所包含的语文元素是相似的，但每种元素在不同语境中又具有不同的表达功能。

在教学时抓住了文章核心的语文元素，就相当于抓住了语文课堂的"牛鼻子"，把课文所要表达的最核心的理念注入学生的心灵，同时也促进了学生的精神成长。这便是语文教学三维目标整合的意义所在。所以说，语文教学三维整合点就在语文元素中。

那么怎样在教学中抓住语文元素呢？我们从语文学科的性质入手，即工具性和人文性。从工具性上入手可以选择识字、写字、阅读、写作、口语交际、理解运用，在教学过程中，有关语言和思维的关键词语、表达形式都是语文元素。从人文性入手可以选择表达思想情感、品德修养、审美情趣、良好个性、健全人格这些人文含义的关键词句或言语本身作为语文元素。

语文是工具与人文的统一，课文是作者情智与文字的结合。只有对文本的深入细读与全然进入，才能"披文以入情""入境始与亲"，才能"一字未宜忽，语语悟其神"，才能从中发掘出体现工具与人文统一、情智与文字交融的语文元素。著名教育家叶圣陶先生曾说："作者胸有境，入境始与亲。"意思是说学生对知识的理解和掌握，往往与一定的情境有关。教师授课时要根据教材特点，创设一定的情境，将知识融入情境之中，才能有效地激发学生学习兴趣，从而优化课堂教学、提高教学效果。

总而言之，语文元素从工具性到人文性的转变，以及其在一定语境下的意义建构，都是要从元素最基础的含义和作用入手，以其本义为出发点，由浅入深地理解课文内容和作者情感，这便是语文元素构建的核心价值所在。

第三节　教材插图中的语文元素

有时，语文元素不仅存在于教材文本之中，也潜藏在教材的插图之中。

比如，2008年人教版小学语文实验教材四年级上册第三单元编排了一组童话故事，专题是"走进童话世界"。单元导读下有一幅插图：老人和小金鱼。我刚翻开教材时，就被这幅图画深深地吸引：大海边，一位老爷爷跪在一块礁石上，正在与水中张着圆圆嘴巴的小金鱼说话。老爷爷伸出右手，仿佛在请小金鱼跳上来。小金鱼在水中快活地摆动着尾巴在说着什么。图中的老爷爷眼神中充满爱怜，小金鱼的神情中充满渴望。教材中这样生动精致的插图还有很多，它们将课文中的故事情节展现在师生面前，不仅增进了课文的表达，也对学生进行了美学教化。因此在教学中，我常常会在单元开启时先带领学生观察单元导读中的插图，从图中寻找单元主题，整体感知单元内涵。

2008年人教版小学语文实验教材六年级上册第七组专题是"人与自然"，单元导读中有这样一幅插图：一位欧洲小姑娘，散着发，骑在一只鸵鸟的背上，他们迎着风走在深深的草丛里。小姑娘抿着嘴，闭着眼，仰着身子昂着头，面带惬意的笑容；鸵鸟伸着长长的脖子，昂着头，虽然它不会笑，但是从那微微张着的嘴和炯炯有神的大眼睛里，也能够感受到它也很惬意。当我引导学生认真观察这幅插图时，他们惊喜地发现，小姑娘的神态和鸵鸟的神态极其相似，他们迎着风前行的动作和神态是那么协调一致。原来动物和人类的关系可以如此和谐友爱，接下来，我们便一起走进这一单元——"人与自然"。

第四节 在窦桂梅老师的课堂上发现语文元素的魅力

2008年10月23日，我在江西南昌参加了"第七届全国小学语文阅读教学观摩"，有幸聆听了窦桂梅老师的《秋天的怀念》一课，我发现窦老师的课堂几乎是"踩"着一个个语文元素行进的。

一、揣摩字词，走近人物

窦老师以生字"瘫"与"痪"，引导学生由字到词仔细揣摩，将"瘫痪"的身体残疾与史铁生内心的痛苦联系起来，以生字"憔"与"悴"，将"憔悴"的精神状态与文中母亲内心的痛苦联系起来。由此可见，窦老师备课的功夫很深，她抓住了本课的两个语文元素，这两个词语是《秋天的怀念》这篇抒情散文中铺垫情感基调最基本的语言元素。在教学时，她深入浅出地引导学生，从生字的字形入手，逐渐深入，体会文章所表达的感情。

二、设问引思，从两个语言元素入手，将学生带进课文

师：仔细观察"瘫痪"和"憔悴"这两个生词，你发现了什么？

生："瘫痪"是身体病了，生活很困难；"憔悴"是内心很焦急，很痛苦……瘫痪的是儿子的身体，憔悴的是母亲的精神。

师：面对瘫痪的儿子，憔悴的母亲最想做的一件事是什么？

学生浏览课文，概括主要内容，厘清文路。

教师巧妙地由课文语言元素入手，引导学生捕捉到文章的中心事件——去北海看菊花。

三、引导学生研读文本，感受人物形象

师：细读课文，你看到了怎样的儿子、怎样的母亲？

生：瘫痪的儿子喜怒无常可以通过"砸""摔""捶"、憔悴的母亲痛苦而坚强可以通过"躲""忍""挡"这几个字看出来。

生齐读文中语句。

感受人物形象，这是感悟文章主题思想的初步铺垫。这里，师生互动，抓住六个字，了解了人物的基本生命状态，体会了艰难而坚韧的文本基调，定下了学生追逐人物命运的课堂脉络。

四、引导学生通过字词具化人物形象

学生抓住三个重点句读、悟、想象：

1. "母亲就悄悄地躲出去，在我看不见的地方偷偷地听着动静。"
2. "当一切恢复沉寂，她又悄悄地进来，眼边儿红红的。"
3. "她出去了，就再也没回来。"

教师在学生为母爱而感动时，适时介绍写作背景。

师：在母亲七十岁生日那天，史铁生写下了这篇文章，写下了这句话："她出去了，就再也没回来。"

放音乐，学生伴乐朗读，进一步体会文中浓浓的怀母之情。

教学进行到这里，学生已经走进了母亲的内心深处，走进了儿子的内心深处，理解了作者的写作意图，本文要求的情感、态度、价值观基本确立。

五、拓展延伸，升华感情，感悟人生

师：母亲不在了，史铁生变成怎样了呢？

生默读课文结尾部分。

生：他懂得了母亲没有说完的话，要和妹妹一块，好好儿活。

师引进课外资料：

1. "华语文学传媒大奖年度杰出成就奖组委会"为史铁生撰写的颁奖词："他残缺的身体里有健全丰满的思想。"

2. 史铁生怀念母亲的相关作品:《有关庙的回忆》片段,《合欢树》片段。

3. 简介史铁生的文学贡献、人生成就。

4. 回归课题,阅读课文结尾描写秋菊的一段,引导学生整理板书,抹去岁月忧伤的"记忆",留下"灿烂的秋菊",绽放"生命的花朵"。

板书:

秋天的怀念

儿子	秋菊	母亲
瘫痪	淡雅	憔悴
砸	高洁	躲
摔	热烈	忍
捶	深沉	挡
	烂漫	"好好儿活"

师生总结:母亲出去了,就再也没有回来,她的"憔悴"也渐渐远去了,她不用再"躲"了,不用再"忍"了,也不用再"挡"了,(师一个个擦去右边的板书)只留下了一句话:"好好儿活。"儿子的精神已战胜了"瘫痪",他不再"砸"了,不再"摔"了,也不再"捶"了。(师一个个擦去左边的板书)因为他理解了母亲临终前留下的一句话"要好好儿活"——要活得像秋天的菊花:淡雅、高洁、热烈、深沉、烂漫(最后只留下中间的板书部分)。

此时,全场学生和老师的心灵都受到了一次洗礼,大家都被生命的主题——"好好儿活"深深感动,这个词语犹如一粒饱满的种子,栽植于学生的心中。课上到这里结束了,听课的老师都领会了,这篇朴素的散文最后要升华到生命存在的主题:好好儿活。

回顾这堂课,窦老师由"瘫痪""憔悴"两个语文元素引入课文,带领学生体验生命韧性,感悟生命崛起的过程,将生命的主题凝聚于文中的这个无主句:"好好儿活。"这句话看似没有主语,却是在告诉所有人,要好好生活,活得像秋菊般烂漫。

第五节　在中国香港老师的课堂上发现了另一种语文元素

在"第七届全国小学语文阅读教学观摩"的最后阶段，来自中国香港的杨丽华老师上了一堂展示课，课题是《谁搬走了我的奶酪》。与其他老师的课堂不同，杨老师的课堂上没有掌声，没有笑声，也没有情感汹涌的波涛起伏，全体师生从始至终都是一种很安静的状态。

《谁搬走了我的奶酪》是一本书，它有许多版本，杨丽华老师在这里执教的是儿童版本。一本书怎么在一节课内教完？在场的老师都带着好奇和新鲜观摩这堂课。

一、激趣

杨老师首先利用幻灯投影展示这本书的封面，先引导学生观察封面上的四个主角，又出示四个名字，让学生进行主角配对的猜测：谁是好鼻鼠？谁是飞腿鼠？谁是犹豫？谁是哈哈？学生根据角色的名字和神态，很快对上了号。

二、引导学生看图说话

师：同学们，我们看看扉页上的这个迷宫里有一块魔力奶酪，怎样找到这块魔力奶酪呢？

杨老师再次对学生激趣。

三、师生共同阅读文本开头，并概括主要内容

师：四个小家伙在迷宫里寻找魔力奶酪，找到了。（语气不带任何修饰，很平淡）

四、分小组阅读文本的四部分

接下来，杨老师把学生分为8个四人小组，每小组配发颜色不同的纸条

（共四种颜色）和活页阅读材料，各小组用20分钟阅读活页中的内容，用一段简短的话概括文本内容，并写在纸上。

五、交流，连章成本

杨老师审阅各小组的阅读成果后，选出4份依序贴在黑板上，每个小组派一位代表上台将自己小组的故事片段读出来。4位同学读完，这本书的主要内容也就清晰了。

六、整体把握全书

师：整个故事中，遇到的难题是什么？
生：奶酪不见了。
师：书中的4个小伙伴面对这个问题有什么不同表现？
生自由回答。
师：假如你在生活中遇到这样的难题，你会怎样行动？
许多学生面对这样的课堂，有些不知所措，并没有提出切实可行的答案。
师：同学们，其实，你越早放弃旧奶酪，你就越快找到新奶酪。下课！
同学们听到老师下课的指令，一时间竟忘了起立，他们的思维还沉浸在故事中的哲学世界里。突然，平静的会场涌起了热烈而沉稳的掌声。

听完了这堂课，我突然意识到，中国香港的语文课堂重思维的挑战，我们的语文课堂更注重情感的升华。杨老师的课堂，从思维元素的角度落实了语文的三维整合目标，让学生在自主、合作、探究中发展思维能力。

第六节　发挥"种子性语言"的爆发力

我一直觉得每一篇课文都有一个"种子性语言"，是专属于这一篇课文的，错过了这篇课文，便无处寻找，忽略了这一课的"种子性语言"，就会使这一篇课文的教学价值大打折扣。这就是课文与文章的不同，文章是作家的文学作品，谁都可以读；但是课文是语文课程专家专门为特定学段的学生编排的,每篇课文的设计都具有不可替代的功能和价值。

比如,《乌鸦喝水》中"乌鸦把小石子一颗一颗地放进瓶子里。瓶子里的水渐渐升高,乌鸦就喝着水了",其中"一颗一颗"就是本课的一个"种子性语言"。"一颗一颗"是一个叠词,一年级学生需要借助这个词语体会语言表达的具体性。如果去掉"一颗一颗",这个句子就会变成"乌鸦把小石子都放进瓶子里",就不能体现出乌鸦做事的认真态度和它要喝到水的决心。所以,抓住这个词语引导学生读出情境、读出语感,这颗词语的种子从此就与这篇课文一同生长在孩子的心田里。

《小马过河》一课中有多处"说"的状语,如"小马连蹦带跳地说""小马嗒嗒嗒跑过去"问牛伯伯、"小马吃惊地问"……小马跑回家去,妈妈问他,"小马难为情地说""小马低下了头,说",这一系列"说"的状语灵动地表现出天真可爱的小马形象,这些状语便是本篇课文的"种子性语言"。如果没有这些"说"的状语,小马的形象就失去了生动和真实。所以,上课时,一定要引导学生抓住这些状语成分,想象小马当时的动作、神态、心情,伴随着"妈妈亲切地对小马说"……设身处地感受小马一路遇到的波折和安慰,让学生的情绪随小马的动作、神态、心情变化,真正体会小马的经历带给我们的启示。

再如《秋天的雨》一课中的"秋天的雨,有一盒五彩缤纷的颜料。你看,它把黄色给了银杏树,黄黄的叶子像一把把小扇子,扇哪扇哪,扇走了夏天的炎热。它把红色给了枫树,红红的枫叶像一枚枚邮票,飘哇飘哇,邮来了秋天的凉爽",便是本篇课文的"种子性语言"。秋雨给大自然染上了独特的色彩,给我们带来了五彩缤纷的童话之秋。

所以,教师在教学中,可以引导学生对这些"种子性语言"进行推演,继续创造出自己眼中的秋日美景。在我的课堂上,学生们写出了这样的句子:

秋天的雨把橙色交给了蜜橘,满院的蜜橘像铜铃一样摇啊摇啊,摇来了一串好消息,引来一群群小喜鹊;秋天的雨把紫色给了蘑菇,满地的蘑菇长呀长呀,长出了一座座小房子,住进一群群小虫子;秋天的雨把彩色给了大森林,森林飞出了彩色的凤凰,飞啊飞啊,消失在彩云中……

如果学生在中低学段能在教师引导下，认识到"种子性语言"的重要性，到了高学段，他们就可以在阅读课文时自主寻找"种子性语言"，并从中获得对文学的审美能力。长此以往，学生的习作能力也会得到有效提高，学会运用语言准确深刻地表达自己的思想情感。语文教学所追求的素养境界不就是这样的吗？

"种子性语言"从概念上来讲是一篇文章的点睛之笔，从其意义和价值上来说，则是一颗文学的种子，它扎根于学生的心中，会长出创造性语言的藤蔓，会结出文学素养的果实。因此，我们可以说，"种子性语言"是"最有营养"的语文元素。

第三章 找到三维整合点，创造语文教学新境界

经过10年的探索和实践，我深刻地认识到，只有整合三维目标，才能创造出教学新境界。因此，在后来的教学中，我更加注重在教学设计中的创造性，将整合内化为教学过程中的自觉行为。

第一节 在单元复习中寻找三维整合点

我们要如何以整合的理念引导学生开展期末复习呢？2011年，我对这个课题进行了第一次尝试，出乎意料地获得了巨大成功，这一复习模式后来被校内许多老师借鉴模仿。接下来，让我们一同回顾一下"走进西部"这一单元的整合复习设计。

一、教学流程设计

整合复习可以从听写入手，强化重点词语，连带复习基础知识，是引导学生归纳重点内容的复习方法。

1. 听写

（1）走进西部，我看到内蒙古大草原一碧千里，翠色欲流。

（2）走进西部，我领略了"蒙汉情深何忍别，天涯碧草话斜阳"。

（3）走进西部，我看到了茫茫天地、浑黄一体的大戈壁。

(4) 走进西部，我看到了高大挺秀的白杨树，它们是边疆的卫士。

2. 强化这四个句子中的汉语知识

(1) "一碧千里""翠色欲流"两个词之间为什么不用顿号？

(2) "蒙汉情深何忍别，天涯碧草话斜阳"为什么要用引号？把句号放在引号内行不行？

(3) "茫茫天地""浑黄一体"这两个词语之间为什么可以用顿号？

(4) 刚才听写的第4个句子用了什么修辞手法，用什么来比喻什么，把什么比喻成什么？

3. 试着把这四句话改写成一首现代诗

走进西部，我看到内蒙古大草原一碧千里，翠色欲流。

走进西部，我领略了"蒙汉情深何忍别，天涯碧草话斜阳"。

走进西部，我看到了茫茫天地、浑黄一体的大戈壁。

走进西部，我看到了高大挺秀的白杨，

它们是守卫边疆的好儿郎。

二、强化教学重点

通过文章优美的语言和核心语句，回顾单元内容，进一步加深对文章所表达的情感的理解。

1. 体会优美的语言

一座古朴典雅的"丝绸之路"巨型石雕，矗立在西安市玉祥门外。那驮着彩绸的一峰峰骆驼，高鼻凹眼的西域商人，精神饱满，栩栩如生。商人们在这个东方大都市开了眼界，正满载货物返回故乡。望着这座群雕，就仿佛看到了当年丝绸之路上商旅不绝的景象，仿佛听到了飘忽在大漠中的悠悠驼铃声。

(1) 带着想象，轻声朗读这一段。

(2) 说说这一段文字写得怎么样。

(3) 引导学生联系全文小结：走进西部，我们看到了丝绸之路，看到了它1897年前的辉煌；走进西部，我们看到了古代亚欧互通有无的商贸大道，看到了亚欧各国与中国的友好往来，看到了东西方文化的交流与繁荣。

2. 揣摩中心句——"把铁路修到拉萨去"的含义

（1）假如把《把铁路修到拉萨去》当作一部电视连续剧，那么"把铁路修到拉萨去"相当于什么？（主题曲）

（2）主题曲一定是能够表达电视剧的中心思想和感情的，这句话表达了怎样的思想感情？（引导学生反复读，体会不同的重音落位表达出的不同感情）

（3）引导学生联系全文小结：走进西部，我们看到了筑路工人把铁路修到拉萨去；走进西部，我们看到了筑路工人战天斗地的大无畏的精神；走进西部，我想说：西部的汉子，你们了不起！

三、拓展训练

1. 西部包括哪些省市

西部包括：陕西、重庆、贵州、云南、四川、甘肃、宁夏、青海、新疆、西藏、内蒙古、广西共12个省、市、自治区。

2. 以"走进西部"为主题创编诗歌

学生回顾整理本单元所学并进行诗歌创编：

走进西部，我看到了雄伟壮观的兵马俑；

走进西部，我看到了敦煌莫高窟的神奇壁画引人入胜；

走进西部，我看到了水天湛蓝的青海湖；

走进西部，我看到了景色奇丽、五彩缤纷的九寨沟。

西部是绮丽的，西部是宏伟的，西部也是壮观的。

——梁新荣

走进西部，我看到壮丽的布达拉宫；

走进西部，我看到了饱经沧桑的兵马俑；

走进西部，我看到了美轮美奂的敦煌莫高窟；

走进西部，我看到了清澈见底的青海湖。

虽然西部没有东部城市发达，

但是，西部的美是独一无二的。

我爱西部。

——方禹

走进西部，我看到了秦始皇的兵马俑，

那么雄伟，那么壮观。

走进西部，我看到了青海的青海湖，

那么美丽，那么辽阔。

走进西部，我看到了内蒙古的大草原，

那么碧绿，那么广阔。

我们是西部人，我们爱西部，

我们爱它的美丽，我们爱它的气势磅礴，

让我们一起建设西部，保卫西部！

——王睿

这一堂单元整合复习课，我抓住"走进西部"这一主题，和学生一起整理了单元的课文内容，落实了文字语用，拓展了文学想象，激发了大家作为西部儿女的自豪感。

第二节　走进《西游记》，寻找三维整合点

2012年人教版五年级下册教材中的课文《猴王出世》节选于《西游记》的第一回，其单元主题为"中国古典名著之旅"，同时编排在这一单元的课文还有出自《史记》的《将相和》、出自《三国演义》的《草船借箭》和出自《水浒传》的《景阳冈》。纵观这一单元课文，《将相和》和《草船借箭》都在一定程度上进行了改编或改写，只有《猴王出世》和《景阳冈》两篇课文是原汁原味的名著原文。《猴王出世》作为略读课文被编排在本单元最后，其目的是进一步激发学生对中国古典名著的阅读兴趣，让学生在单元学习结束后，也能产生阅读名著的愿望，并以此培养学生热爱中国古典文学的情感。

依据教材编排意图，我确立本课教学的重点目标：借助课文《猴王出世》激发学生对《西游记》的兴趣，引领学生走进名著，体会其文学魅力。那么怎样实现这个目标呢？

一上课，我便抓住学生兴趣点播放《猴王出世》的经典影视剧片段，

并根据视频内容设问引导。

师：猴王是从哪里出来的？

生：是从石头里面蹦出来的。

师：真神奇啊！这地球上有数不清的山，每座山上有数不清的石头，为什么单单这块石头里蹦出了一只石猴呢？这究竟是一座怎样的山？这又是一块怎样的石头呢？

（学生沉默、思考……）

师：你从视频片段中看出来了吗？

生：没有。

师：那你可以从哪里知道？

生：书上。

师：好，找一找并读一读课文中的这部分内容。

生：海外有一国土，名曰傲来国。国近大海，海中有一座名山，唤为花果山。那座山正当顶上，有一块仙石。其石有三丈六尺五寸高，有二丈四尺围圆。

师：仔细琢磨一下，这是怎样一座山，怎样一块石头？

生1：这是一座名山，在大海中间。那块石头有三丈六尺五寸高，有二丈四尺围圆。

师：你觉得这块石头的大小有什么特别之处？

生2：噢，我明白了，三丈六尺五寸高，正好和一年三百六十五天相对应，二丈四尺围圆正好和一天有二十四小时对应。

生3：二丈四尺围圆还和一年有二十四个节气相吻合。

生4：对！难怪这块石头里会蹦出个石猴。

生5：我觉得还有一个原因，因为这块石头刚好在这座山的正当顶上。

师：好！终于找到原因了，但这只是一部分，还有更重要的原因，大家再来找一找。

生6：四面更无树木遮阴，左右倒有芝兰相衬。盖自开辟以来，每受天真地秀，日精月华，感之既久，遂有灵通之意。内育仙胞，一日迸裂，产一石卵，似圆球样大。因见风，化作一个石猴。

89

生：这一段中写了几个原因，一是有芝兰相衬；二是每受天真地秀，日精月华，感之既久，遂有灵通之意；三是因见风，化作一个石猴。

师：说得很对。那么你们认为是自己分析得有道理呢，还是吴承恩写得有道理呢？

生：吴承恩写得有道理。

师：这就是名著，这就是经典。每一个创造都是经得起推敲的。下面就请你们仔细推敲课文中的文字，看看还能有什么发现。

顺着这样一条名著鉴赏线索，学生不仅发现了《西游记》的文学魅力，而且发现了猴王的个性魅力，还发现了作者的想象魅力。细细读过课文，学生们一致认为，看名著比看电视有味道得多，从中获得的知识也更多。

能够把名著节选上出这种效果，是因为我抓住了"经典"这一内涵，以它作为经典文学作品教学的三维整合点，让学生从课文本身逐渐深入故事中的人物形象，再由人物渗透到名著本身，感受中国经典文学的语言魅力。

第五部分

问思辨大概念

大单元统整三维目标

第一章 三维目标迭代说

《义务教育语文课程标准（2022年版）》的颁布，标志着教学整合目标要从"知识与技能、过程与方法、情感态度与价值观"的三维目标向"文化自信、语言运用、思维能力、审美创造"四维目标转换。四维目标在教学过程中具体指向为识字与写字、阅读与鉴赏、表达与交流、梳理与探究四大层级的学习内容。那么，我们作为一线教师，如何在实际教学中将整合目标和学习内容结合起来呢？在这里我以表格的形式将学习维度和教学内容对应整理如下。

表 5-1 学习维度与教学内容

课程要素	核心素养	学习内容	学习目标	发展目标
学习维度	语言运用	识字写字	必备知识	培植汉语根基
	思维能力	阅读鉴赏	关键能力	启迪思维
	审美创造	表达交流		增长智慧
	文化自信	梳理与探究	文化素养	铸魂民族共同体

通过上表，我们可以将课程标准中要求的语文核心素养内涵的四个维度与语文学习内容的四个层次一一对应，并将以上内容和语文学习目标、终身发展目标对应起来。由此我们可以发现，语文课程学习依然有三个目标维度，但是与过去的三维目标相比，已经迭代升级了。在这个对应过程中，我们可以发现一维"必备知识"是以"识字写字"为内容、以"语言运用"为方法实现"培植汉语根基"的发展目标的；二维"关键能力"以"阅读鉴赏"为内容、以"思维能力"实践为过程，实现"启迪思维"的

发展目标，凭借"表达交流"以"审美创造"实践为过程，实现"增长智慧"的发展目标；三维"文化素养"凭借"梳理与探究"以汉语言所表达的"文化自信"为导航，梳理语言规律，探究文化渊源，建立文化集体共识，实现"铸魂民族共同体"的发展目标。

第一节　《义务教育语文课程标准(2022年版)》规划的课程实施框架分析

《义务教育语文课程标准（2022年版)》的颁布顺应时代要求，符合国家教育发展规划，其中既包含了2011年版课程标准的精华，又在此基础上建立了新的课程实施框架。

其中大观念、大主题、大单元、大任务等课程实施方法的提出和语文学习六大任务群的整体规划，让语文学习进一步走向整合。课程标准中对课程主题和载体形式也做出明确规定，同时要建立文化自信，"继承和弘扬社会主义先进文化、中华优秀传统文化、革命文化"。在具体教学过程中，课程目标主要通过语文学习六大任务群落地。

表5-2　课程实施路径规划

教材编写	内容组织	呈现方式	学生发展
课程实施路径规划	基础型学习任务群	语言文字积累与梳理	掌握汉语言文字的基本特征和创生规律
	发展型学习任务群	实用性阅读与交流	正确使用汉语言文字获得交流沟通的能力
		文学阅读与创意表达	运用汉语言文字的表达力和创生力发展审美力和创造力
		思辨性阅读与表达	在阅读思辨中培养理性思维和理性精神
	拓展型学习任务群	整本书阅读	提升整体认知能力，丰富精神世界
		跨学科学习	以问题为导向，提高应用汉语言工具解决问题的综合能力

通过以上表格，我们可以清晰地看到课程实施路径的规划，借助语文学习六大任务群实现大单元统整教学。

第二节　一年级语文教学可以开展单元整合吗

2018年，当一张中国学生核心素养图谱出台后，全国基础教育界都在追问：如何让核心素养在教学中落地？同年10月，宁夏一批骨干教师前往北京海淀区参加国培项目学习。在培训过程中，我们通过大单元教学的案例分享，学到了核心素养教学的整合策略：将单元主题转化为学习主题，在单元开启时提出一个大问题，统整单元学习的大任务，创设大情境，以实现单元整合。但当单元中出现与主题不完全匹配的内容时，就只能暂时搁置，单独教学。这让我们觉得这样的整合教学还有进步的空间。

2019年，大单元教学已经在全国蔚然成风，许多一线教师都在积极探索尝试这一教学模式。凭着多年整合实践的经历，我也开始带领学校语文教研组的老师们进行大单元整体设计的尝试。在此以2016年版小学语文教材一年级上册第八单元为例与大家分享我们的探索成果。

表5-3　一年级大单元整合示例

	第八单元：小动物的故事	
学习主题：我们都会想办法	大问题	小动物是怎样解决问题的？
	大任务	研究小动物解决问题的方法。
	大活动	说说小动物们谁最聪明。
	大目标	1. 识记本单元必读、必写生字，借助汉语拼音，读通读懂本单元课文，提升注音识字阅读能力。 2. 在读故事、讲故事、说办法的过程中，发展语言建构和运用能力。 3. 在替小动物想办法解决问题过程中开发创造思维潜能，培养善于思考的品质。

(续表)

教学流程	识记生字	1. 要求会写的字： （1）在语言环境中会认会写。 （2）找到生字间的关联，造句运用。如：竹、牙——牙签是竹子做的；马、用——小马用脚画梅花。 2. 要求会认的字： （1）在语言环境中会认。 （2）难字、特殊字、特殊偏旁单独教。 （3）转换语言环境，考查认读（找到生字关联，引导学生在生活中应用），如：乌（wū）鸦（yā）到处（chù）找（zhǎo）水喝；我要想办（bàn）法（fǎ）参（cān）加（jiā）一场运动会。
	读故事 练表达	你认为这几个故事中哪些小动物很聪明？他们的聪明表现在哪里？哪些小动物还不够聪明？
	动脑筋 想办法	1. 根据教材内容，帮助课文中的小动物想办法。 （1）我替蜗牛想办法。 （2）我替小兔想办法——搬南瓜、种菜。 2. 补充阅读《小白兔和小灰兔》，说说你觉得小灰兔和小白兔怎么做会更好。

第三节　一场风波

当我们将大单元整体教学设计在教研活动中展示给各年级语文教师时，许多教师提出了质疑：一年级的语文教学能进行这样大幅度的整合吗？面对这样的质疑，我暗下决心要在教学一线试一试。

我根据一年级各班的教学进度，与即将教学第八单元的班级语文老师商议，用三天的时间实验一下我们的大单元整体教学设计方案。一年级学生有没有单元整合学习的能力，究竟是我们高估了学生还是低估了学生呢，只有用事实来验证。一切准备就绪，我和信息组老师就带着摄像设备开始了这次前所未有的大单元整体教学课堂实验。

首先,我要求孩子们借助拼音读通单元内的课文,通过小组合作,组内率先读通的学生可以当小老师,指导其他同学读,组内同学全部读通后,可以上台展示。结果原本安排了两课时的朗读环节,大部分同学仅用一节课就完成了。于是我及时调整教学计划,在第二节课开展了"帮帮读"活动,同学们争当小老师,跨小组帮助阅读有困难的同学读通课文,并为小老师们颁发学校的"博雅胸章"。在紧张活跃的课堂气氛中,班里的十几个后进学生也都很快过关了,各小组上台展示合作朗读成果。

识字、阅读任务完成后,我们开启了第二环节"读故事,练表达"。

师:读完课文,你认为这几个故事中哪些小动物很聪明?他们的聪明表现在哪里?哪些小动物还不够聪明?

生1:我认为小猴子最聪明,他们知道互相抱住腿,倒挂着去捞月亮。

生2:我觉得小猴子不聪明,水里的月亮是假的,他们还要去捞。

(全班哈哈大笑。)

师:嗯,他们虽然没能捞上月亮,但是他们想的这个办法还是很聪明的。

……

通过学习故事中小动物们的智慧,孩子们也迫不及待想要展现自己的智慧了,于是我们开启了第三个教学环节"动脑筋,想办法"。我先让学生观察第八单元的口语交际《小兔运南瓜》中的图片,请他们说说自己有什么办法帮小兔把南瓜运回家。

生1:竖起来滚着走,像轮胎一样。

生2:不如给葫芦装两个滑轮,拉着走。

生3:用小推车推着走,最省力。

生4:装进电动小汽车里……

孩子们的想象力还真是丰富,于是我们又一起阅读了《小白兔和小灰兔》,请他们说说小灰兔和小白兔怎么做会更好。

生1:他俩一个种白菜,一个种萝卜。到秋天,小白兔送给小灰兔一车白菜,小灰兔送给小白兔一车萝卜,这样就能给老山羊交菜了。

生2：不如在春天的时候，小白兔和小灰兔互相分一些白菜籽和萝卜籽，秋天就都有两种菜了。

师：你们真聪明，我替两只小兔子谢谢你们啦！

在这一环节，学生思维被激活了，各种奇思妙想奔涌而出。我觉得仅仅靠课上的表达还不能完全体现他们的想象力和思维力，于是我请同学们把自己想到的办法写下来，用纸笔记录下自己思维的闪光点。看着一张张歪歪扭扭的汉字加拼音的纸条，我被他们深深地感动了，这就是属于一年级孩子的思维成果，是整合教学带给他们的思维力和表达力的发展。

历时三天的实验课结束以后，信息组老师把课堂实录进行了剪辑，我在教研活动时与大家分享了我们的课堂。老师们被精彩的整合教学设计和学生们的表现深深地震撼了，可见一年级的学生，也可以很好地适应大单元整合教学模式。

事实证明，学习是一个综合性认知过程，综合性学习是多线程的学习，是符合儿童认知能力和思维方式的学习，我们从事基础教育，也必须坚持以儿童为中心，牢固确立学生在教学中的主体地位，从儿童视角出发，整合课程结构，为学生打造多面性、复合化的大单元主题课堂。

第四节　以人文思想为主线整合大单元

"聚焦一个小牧童，亲近三位老人"是我为小学语文教材五年级下册第一单元整合教学确立的主题，这一单元编排了《古诗三首》《祖父的园子》《月是故乡明》《梅花魂》四篇课文以及口语交际、习作、语文园地等教学内容，展示了不同年代、不同人物的童年生活。针对单元主题和课文内容，我们以"童年最珍贵的东西是什么"为大单元问题统整学习。

表 5-4 大单元统整学习设计示例

	第一单元：聚焦一个小牧童，亲近三位老人
探究任务一：从古诗中寻找古代儿童的生活乐趣	探究活动 1：从《古诗三首》中寻找古代儿童的乐趣。 朗读《古诗三首》中的三则古诗，小组合作理解课文内容，总结诗中儿童的生活乐趣：种瓜、玩耍、放牛，由此可将古代儿童的生活乐趣归纳为：劳动、玩耍。
	探究活动 2：古代儿童生活的乐趣是否都一样呢？ 拓展阅读其他描写古代儿童生活的古诗，如《清平乐·村居》《池上》《小儿垂钓》。通过自主朗读、小组讨论得出结论，古代儿童有很多不同的有趣生活体验，如锄豆、织鸡笼、剥莲蓬、采莲子、钓鱼，可以将其归纳为：劳动、玩耍以及探索自然。
	探究活动 3：聚焦"牧童"形象，体会童年乐趣。 从教材中的三首古诗以及其他牧童诗中提取描写"牧童"行为活动的句子，体会诗中描写的牧童形象。师生共同总结：古诗中的小牧童是一位热爱劳动、热爱自然、热爱生活、聪明勇敢的小朋友，他自己的行动告诉我们，童年最珍贵的东西就是在劳动和生活中获得成长的快乐。
探究任务二：从散文中寻找童年最珍贵的东西	探究活动 1：本单元的三篇散文中描写的老人分别是谁？ 《祖父的园子》——作者的祖父。 《月是故乡明》——季羡林。 《梅花魂》——作者的外祖父。
	探究活动 2：萧红童年生活中最深刻的记忆是什么？ 阅读课文第 15 自然段，从作者童年的生活环境中，体会她无忧无虑、自由自在的快乐生活，思考作者认为童年最珍贵的东西是什么——自由自在的成长过程和家人间的浓厚亲情。
	探究活动 3：陈慧瑛童年生活中最珍贵的记忆是什么？ 阅读课文中外祖父和作者的对话，体会外祖父身上的民族气节和爱国情感，思考作者认为童年最珍贵的东西是什么——亲人的教导和文化的传承。
	探究活动 4：季羡林童年生活中最深刻的记忆是什么？ 阅读课文第 4 自然段，体会作者在家乡大苇坑边的美好遐思，思考作者认为童年最珍贵的东西是什么——家乡的山水明月和童年的快乐生活。

（续表）

探究任务三：今天的我们，如何珍惜自己的童年？	行动1：学学快乐的小牧童。 整理本课读过的牧童诗，用自己的语言写一写小牧童这一人物形象，并在自己生活中积极向他学习，在劳动和玩耍中培养热爱生活、留心自然、聪明勇敢的品质。
	行动2：关注散文中的老人形象。 从本单元散文中体会珍贵的亲情、自由的童年生活以及家乡的自然风光，以自己生活中的老人（祖父母等）为例，说说自己和他们之间的故事。
	行动3：结合课文和自己的经历，说说你认为童年的成长体现在哪些方面，并完成单元习作《那一刻，我长大了》。

这个单元整合的教学设计是以"童年最珍贵的东西是什么"为主线进行的，在整合教学设计时，我们将教材内容和儿童生活相结合，让教材的人文素养落地开花。这样的授课方式不仅让老师们转变了教学观念，也激发了学生的学习热情，有的学生在课下追着老师说："老师，您以后能多给我们上这种课吗？这样学语文真是太有意思了。"

这就是整合的效率，整合让大单元教学沿着一条主线深入探究，创造了高质量的语文课堂。

第五节　发现语文教学整合的支点

反思过去几十年，我们的语文教学重点都放在汉语言知识的积累，注重学生对语言文字感悟能力的培养；语文教学的三维目标聚焦于知识与技能、过程与方法、情感态度与价值观三大课程目标。

这样的语文教学过程在一定程度上忽略了学生思维能力的发展，我们常常想当然地把思维训练交给数学学科去完成，语文学科的教学更侧重语言的工具性使用和人文性理解。但我们忽略了一个问题，就是"语言是思维的艺术"，任何文学作品都离不开内在的逻辑关系，都需要读者运用自己的思维能力去理解。如果忽视了思维能力的发展，那么语文教学就会出现以下现象：

1. 语文课钻进内容里走不出来，过度关注文章内容和语言文字表达，对文学作品的理解只停留在文本表层。

2. 学习重点仅仅停留在语言知识层面，没有逻辑思维能力作为支撑，导致断章取义的文字分析、支离破碎的语言积累，让文学作品变成了语言的仓库。

3. 过度关注文章所表达的情感，忽略了文章内在逻辑，使语文课堂沉湎于情感交流，缺乏对学生思维能力的培养。

以上种种，导致文学作品的育人价值难以被充分利用。下面让我们以课文《宇宙生命之谜》为例，共同探索逻辑思维发展在教学过程中的重要作用。

表5-5 逻辑思维发展探索示例

11. 宇宙生命之谜	
梯度阅读探究问题	1. 这是一篇什么体裁的文章？主要内容是什么？ 2. 文章是怎样写出了一个"谜"？ 3. 作者写这篇文章的目的是什么？
问题1	这是一篇什么体裁的文章？主要内容是什么？
探究方法	快速浏览。
形成观点	这是一篇说明文，文章主要讲了在宇宙中除了地球之外，目前还无法找到第二个存在生命的星球。
问题2	文章是怎样写出了一个"谜"？
探究方法	深度阅读—独立思考—小组交流—归纳总结。
形成观点	与地球同在太阳系的八大行星中，只有火星的部分自然条件与地球有一定相似性，但目前尚未发现火星上有生命体存在。人类一直在探索除了地球之外，宇宙中是否还有其他生命体存在。
问题3	作者写这篇文章的目的是什么？
探究方法	跳出文章，交流思辨。
形成观点	作者写这篇文章是为了让我们明白地球资源的珍贵，认识到保护地球的重要性。
问	目前地球资源正在被过度开发，大气被污染、全球气候变暖、冰川融化等问题日益严重，面对这些威胁人类生存的自然问题，我们该怎么办？是守护地球，还是探寻其他生命星球早日移居？
思辨	教师引导学生思辨，学生以各自立场说明自己的观点。

在思辨的过程中，学生可能会有很多不同的想法，但学习这篇课文的真正目的并不是要在当下为地球的自然资源问题找到解决办法，而是引发学生对未来地球的思考，唤起他们珍惜资源、保护环境的意识，这也是教材编排这篇文章的终极意义。

以思维线索为引领的语文课堂，可以引导学生在探究作者写作的思维方法的同时发展自身思维能力。文学作品中的逻辑思维线索是语文教学中核心素养发展的落脚点，是实现语文核心素养全系统打开的支点。语文教学中的思维探究可以有效拉起语文学习中语言建构与运用、文化传承与理解、审美鉴赏与创造的学习流程。

通过上面的分析，我们可以确定，关注文学作品中作者的思维逻辑主线，通过对文学作品所表达的内容、形式、思想观点进行问、思、辨，实现学生的思维发展，这种学习方式既打开了语文教学传统的藩篱，又落实了核心素养教育。这便是当代语文教学改革必须要突破的难点。

第六节　以思维发展为线索进行大单元整合

除了借助文章思维逻辑进行语文课文教学，我们还以思维线索引导学生进行单元整理与复习，并实现了非常好的教学效果。以下是我们在2020年进行的五年级下册第六单元整理复习线上课堂实录。

师：同学们好，欢迎来到空中课堂。今天由我带领大家上一节第六单元的"整理与提升"课。"整理"是对这一单元的学习内容、写作方法、人物的思维过程进行整理；"提升"是对大家知识运用能力和思维分析、判断能力的提升。

一、整理

1. 用思维导图方式整理每篇课文的写作方法

师：请同学们先独立阅读本单元的所有课文，然后试着用思维导图的方式整理课文内容及写作方法。

（生自读课文。）

师：自读结束。下面我们请几位同学分别说说这几篇课文的主要特点和你从中学到的写作方法。

生1：《自相矛盾》是一篇文言文。细品文章，我发现，文中简洁、形象、传神的人物和情节描写，使得这个只有七十一个字的故事不仅内容完整，而且人物的特点鲜明，情节耐人寻味。

生2：《田忌赛马》抓住人物的对话、神态和心理描写，生动地刻画出故事中几个人物的性格特征。齐威王——得意扬扬，文中并没有直接写齐威王的得意，联系文中的句子"齐威王的马遥遥领先"便能联想到；孙膑——足智多谋、胸有成竹；田忌——谦虚顺从，这从文中句子"田忌微微一笑""田忌满意地笑了"便能看出。

生3：《跳水》中描写水手的文字并不多，但水手的"笑"一直推动着情节发展。文中运用对比、比喻等手法，对人物神态、语言、动作、心理等进行具体描写。

（根据学生发言，整理思维导图。）

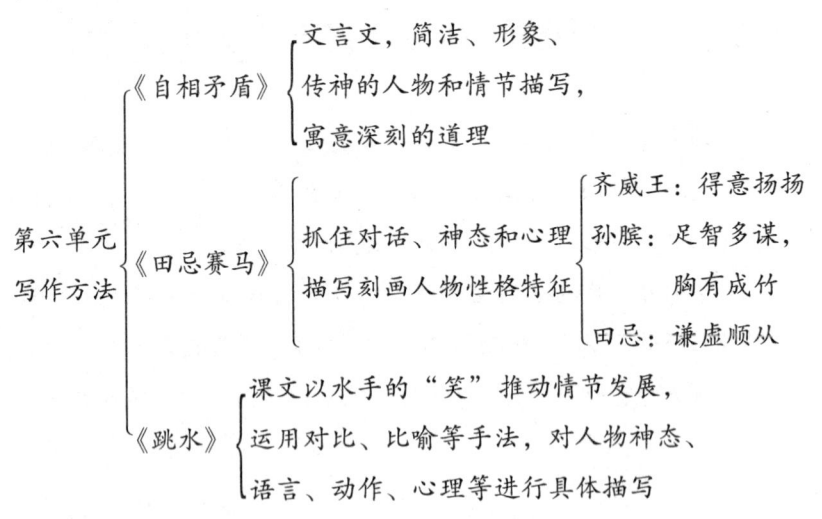

第六单元写作方法
- 《自相矛盾》：文言文，简洁、形象、传神的人物和情节描写，寓意深刻的道理
- 《田忌赛马》：抓住对话、神态和心理描写刻画人物性格特征
  - 齐威王：得意扬扬
  - 孙膑：足智多谋，胸有成竹
  - 田忌：谦虚顺从
- 《跳水》：课文以水手的"笑"推动情节发展，运用对比、比喻等手法，对人物神态、语言、动作、心理等进行具体描写

2. 用解决问题的视角探究每一个人物独特的思维品质

师：这一单元的第一个语文要素是——了解人物的思维过程，加深对课文内容的理解。在本单元的课文中，有哪些人用独到的思维解决了当下的问题？选择你印象深刻的部分，分享给大家。

生1：《自相矛盾》中的一位围观者的独特思维深深触动了我，一个楚国卖盾和矛的人当街夸赞,他的盾,坚不可摧,没有什么东西能刺破它。接着又夸赞他的矛,锋利无比什么东西都能刺破。而围观的人群中有人问道,既然你的盾坚不可摧,矛又锋利无比,那么,用你的矛刺你的盾,会怎么样呢?卖盾和矛的人,因语言前后相悖,一时无言以对。这个围观的人思维独到之处在于:一语中的,直击对方思维的矛盾点。

师:很好,文中这个旁观者的思维独特之处在于,以矛盾破解"矛盾",与这个故事中的人物逻辑相似的还有《曹冲称象》中的曹冲,他也是通过具体地分析事物的矛盾并成功解决了问题。由此可以说明,人的思维能力的重要性。

生2:《田忌赛马》中孙膑独特的思维令我佩服。孙膑给田忌的建议是,在三局赛马中,田忌分别用下等马对齐威王的上等马,输一局;用上等马对齐威王的中等马,赢一局;用中等马对齐威王的下等马,再赢一局。所以,孙膑的思维独到之处在于打破定式思维,帮助田忌获胜,创造了历史上有名的《田忌赛马》经典故事。

师:说到孙膑,同学们并不陌生,他是战国时期出名的军事家。历史上有名的"桂陵之战""围魏救赵"这些经典的战役是依靠孙膑的谋略取胜的。他著有《孙膑兵法》一书,为后世留下重要的军事理论。

生3:《跳水》一文中船长那沉着冷静、当机立断的独特思维使我心生敬意。船长出舱时迅速观察到两方面的情况,一方面是不利的状况,即孩子正心惊胆战地站在横木上,一不小心失足就会摔在下面硬邦邦的甲板上;另一方面是有利的条件,即海面风平浪静,水手们都在甲板上,自己手里有枪。于是他逼孩子跳进水里,再让水手去救他。船长的思维独特之处就在于,能根据实际情况当机立断迅速做出决定。

生4:船长解决问题的思维过程让我联想到了司马光、鲁滨逊等人,他们也都能根据实际情况,运用灵活变通的思维方式解决当下困境。

师(总结):本单元的课文都展现了人物分析问题、解决问题的思维过程,我们要向他们学习结合实际思考问题的方法。

二、提升

师:学以致用,学习知识就是为了运用。将积累的词语准确、恰当地运用到合适的语言环境中，才算真正掌握了所学知识。

1. 运用知识，形成能力

（出示两组词语：胸有成竹、摩拳擦掌、跃跃欲试；风平浪静、海鸥、心惊胆战。）

师：请大家从上面任选一组词语，试着创设一个情景并把它描述出来。

生1：为了这次的4×100米接力赛，我们已经训练了很久，早就胸有成竹。比赛前大家个个摩拳擦掌、跃跃欲试，随着发令员一声令下，队员们一棒接一棒拼尽全力，最终拿下第一名的好成绩。

师：听着她的描述，仿佛精彩激烈的竞赛场面已经出现在我的眼前，场上紧张的氛围让我身临其境。

生2：我们刚出海时，风平浪静，渔船在海面上破浪前行。大风忽起，海面涌起千层浪，渔船像树叶一样在海面上左摇右晃。海鸥飞快地在空中穿梭，一两只迎面掠过，令人心惊胆战，险些掉下船去。

生3：一天清晨，太阳刚刚升起，海鸥先生迎着绮丽的朝霞贴着风平浪静的海面飞行，忽然一条飞鱼冲出海面，高高跃起，把海鸥先生吓得心惊胆战。

师：每个人的思维不同，想象到的情景可真是大不相同。

2. 抓住关键，进行思辨

师：爱因斯坦曾说，学习知识要善于思考，思考，再思考。带着问题学习，不仅能够学会知识的运用，还能提高我们的思辨能力，接下来，我们就进行一个简单的思辨练习。首先，请大家试着用一句话将《田忌赛马》中田忌取胜的原理说清楚，注意，要用尽量简单明了的"一句话"说明哦。

生：田忌在孙膑的建议下，有意安排了马的出场顺序，结果是田忌先输一场、后胜两场，三局两胜赢了齐威王。

师：很好。那接下来请大家再思考一下，古文《自相矛盾》中"不可陷之盾与无不陷之矛，不可同世而立"中的这句话所说的道理，在任何条件下都成立吗？

生："不可陷之盾"与"无不陷之矛"在同一时间、同一空间是不可能同时存在的。如果是不同时间、不同空间，"不可陷之盾"与"无不陷之矛"可以相互独立存在。

3. 拓展练习，提升思维

（课件出示：《三国演义》中诸葛亮成为智慧的象征，他的足智多谋令人敬佩。每一个智谋都是他独特思维的表现，我们可以通过解读谋略，学习他的思维逻辑，从而促进自身思维能力的发展。）

师：本学期的第二单元我们学习了《草船借箭》，请大家用自己的思维分析一下《草船借箭》中诸葛亮的谋略。

生1：在《草船借箭》中，诸葛亮之所以敢答应周瑜三日内造好十万支箭，并能成功地用草船借到十万支箭，是因为诸葛亮通晓天文地理，有一定的气象知识，能够预测未来气象变化。

生2：诸葛亮能做到知己知彼。他算定曹操多疑，雾天不敢出城布阵。

生3：诸葛亮利用了曹操的多疑，也利用了周瑜的嫉妒心，还利用了鲁肃的忠诚。

师：自古至今不少有智慧、有谋略的人，他们敏锐的思维绽放出智慧的火花，成为后人前行路上的一盏盏明灯。希望同学们未来也能成为有智慧的人。这节课就上到这里，再见！

【课例评析】这样的课堂超越了一般意义上知识积累、归纳整理的单元复习。以思维训练为主线，把一个单元的知识内容、人物形象、思维品质、写作方法都链接起来，整合在学生的实践创造中，每一步都有难度，但是每一步都有乐趣。正是这种探究的乐趣，吸引着学生全情投入，感受思考的收获、灵感的碰撞，获得激励，获得信心，获得审美与交流的快乐。过程中听到的学生分享，也是几个孩子的真实声音。

这样的单元整理与提升课，学生获得的是思维成长，是思想见解的升级，是对文学作品中人物的持续思考和感悟。这都是语文核心素养所追求的最高境界。

第二章 建构问思辨教学模型

第一节 基于互联网思维建构问思辨教学模型

《义务教育语文课程标准（2022年版）》提出了新的理念和思路，以主题为引领，以学习任务为载体，整合目标与内容、情境与活动、过程与评价、资源与技术支持等相关要素，设计语文学习任务群，提出了"大观念大单元教学""跨学科学习""整本书阅读"等与互联网思维相吻合的教学改革思路。银川市兴庆区回民第二小学基于互联网思维，建构了一套问思辨教学模型。这套模型不仅适用于语文大单元统整教学，也适用于其他学科的统整教学，可以作为一套方法论支持教师群体变革教学方式、支持学生变革学习方式，也支持互联网技术研发与高质量课堂需要的匹配，让现代信息技术促进教学高质量发展成为现实。

一、模型实施的真实情境

统编教材小学语文五年级下册第四单元内容编排如下。

表 5-6 五年级下册第四单元教学内容编排梳理

序号	教材内容		作者/主人公	单元主题
1	古诗三首	《从军行》	王昌龄	苟利国家生死以，岂因祸福避趋之
		《秋夜将晓出篱门迎凉有感》	陆游	
		《闻官军收河南河北》	杜甫	
2	《青山处处埋忠骨》		毛泽东	
3	《军神》，阅读链接《丰碑》		刘伯承	
4	《清贫》		方志敏	
5	习作《他＿＿＿了》			
6	语文园地			

依据单元主题、教材内容、内涵人文思想，作品主人公所代表的国家、民族精神形象，对文化传统、国家命运的影响力，确定一个大概念：关系，提出一个核心问题：个人行为与国家命运之间存在怎样的关系？

针对每一篇课文提出问题矩阵：

杜甫、陆游、王昌龄的个人行为与国家命运之间有什么关系？

毛泽东的个人行为与国家命运之间有什么关系？

刘伯承的个人行为与国家命运之间有什么关系？

方志敏的个人行为与国家命运之间有什么关系？

这一系列核心问题统领了本单元每篇课文的探究性学习。下面看看《军神》的建模过程。

学：

1. 随机点名，要求分享关于刘伯承将军的资料，课件出示刘伯承将军眼睛受伤时的战争背景资料。

2. 小组合作，互查课文朗读情况，互相指正评价。教师随机挑组，检测小组朗读过关情况。

3. 随机点名，检测词语认读情况。

沃克医生	解开绷带	一丝惊疑	从容镇定
伤势严重	重新审视	麻醉剂	脑神经
可以哼叫	一声不吭	由衷担心	晕过去
脸色苍白	勉力一笑	大声嚷道	堪称军神
肃然起敬	川中名将	神情慈祥	久仰久仰

4. 概括课文的主要内容。进入抢答交流环节，学生使用平板输入答案，弹幕显示。

问：

学生小组合作，各自提出课前预学产生的问题，组内互动解决同伴的问题，组际互动解决小组内未解决的问题，师生互动梳理，继续探究如下问题：

1. 刘伯承将军眼部手术拒绝打麻药究竟是为了什么？

2. 刘伯承将军被称为"军神"仅仅是因为他能忍受巨大的疼痛吗？

3. 文章的主人公是刘伯承将军，为什么作者要用大量的语言来写沃克医生的情绪、神态的变化？

4. 刘伯承将军的个人行为与国家命运之间有什么关系？

思：

围绕上述四个问题逐步探究。

刘伯承将军眼部手术拒绝打麻药究竟是为了什么？

独立阅读，从课文中提取信息，进入小组交流。

病人平静地回答："我担心施行麻醉会影响脑神经，而我，今后需要一个非常清晰的大脑。"

生1：人人都需要一个清晰的大脑，刘伯承将军对大脑清晰的需要和普通人有什么不一样呢？

生2：根据我课前搜集的材料可以知道，他是为了指挥部队打仗，刘伯承是将军、元帅。

生3：对，如果不是为了这个，他就没必要拒绝打麻药，忍受眼部手术那样大的痛苦。

师：对，这就是责任，是一种家国责任，为国家、为民族甘愿忍受一切。再读课文，看看刘伯承将军忍受了怎样的痛苦，画出相关语句。

"病人一声不吭，他双手紧紧抓住身下的白床单，手背青筋暴起，汗如雨下。他越来越使劲，崭新的白床单居然被抓破了。"

刘伯承将军被称为"军神"，仅仅是因为他能忍受巨大的疼痛吗？

打开智慧平台资源库，查找刘伯承的相关资料，教师推送资源。将学生分为4个小组，每个小组分别选择1个主题进行探究，并在全班进行汇报展示。

小组1：千里挺进大别山；

小组2：刘伯承指挥的经典战役；

小组3：鲁西南战役；

小组4：淮海战役。

分小组阅读，然后进行小组交流。

小组1：千里挺进大别山，刘伯承将军以"狭路相逢勇者胜"的超凡胆魄战胜了敌人，以超凡的速度，揭开了中国人民解放军战略进攻的序幕，他不愧是"军神"。

小组2：娘子关战役、神头岭战役都是抗日战争中刘伯承将军指挥的伏击战，打得日军措手不及，乱了阵脚。刘伯承特别善于打伏击战，足智多谋，因此被称为"军神"。

小组3：刘伯承将军在抗日战争和解放战争中指挥过多场战役，是十大元帅中"负伤最多的元帅"，被称为"一代军神""川中名将"。

……

归纳总结，得出结论：

刘伯承被称为"军神"，不仅仅是因为他能忍受未经麻醉的手术的剧痛，更是因为他在抗日战争、解放战争中指挥的经典战役所创造的奇迹般的胜利。

3. 文章的主人公是刘伯承将军，为什么作者要用大量的语言来写沃克医生的情绪、神态的变化？

学生讨论交流：

生1：侧面描写能更加突出刘伯承的"军神"形象。

生2：如果没有沃克医生的语言、神态、情绪上的变化，就没有这篇课文感人的情节。

生3：沃克医生语言、神态、情绪上的变化，表达了他对刘伯承将军行为的震惊与敬佩之情，这更加富有感染力。

4. 刘伯承的个人行为与国家命运之间有什么关系？

生1：他的每一个行为都是为了国家的解放和民族的独立，为了救国救民。

生2：他的每一个行为都是为了对国家和人民负责；

生3：没有刘伯承这样的将军、元帅，就没有革命胜利，就没有新中国的建立。

辨：

是个人生命重要，还是国家命运更重要？

甲：个人生命很重要，因为人的生命只有一次，死亡是人人都害怕的。

乙：国家命运更重要，因为没有国家，个人在这个世界上就没有家园，没有地位。

甲：当然，面临二者择其一的时刻，必定以国家命运为重。没有国家，个人活着也没有意义。

乙：国家强大了就可以保护人民的生命安全，没有强大的国家，个人都会受欺负。

甲：同样的道理，没有强大的个人，也不能保卫祖国。所以，个人和祖国的命运是彼此相连的，是分不开的，都要强大。

行：

全班共读《红星照耀中国》（作者：［美］埃德加·斯诺）。选择书中一个人物，展开问思辨，将自我探究的过程和结论发送至云校家班级群进行交流、互动、评价。

二、模型研发的现实需要

（一）理念不能有效推动课堂变革

国家第八次新课改自2001年开始，至今已20多年，理念、目标都试图与时代发展相匹配。宁夏回族自治区各级教研科研部门都在一次又一次地实施课堂变革，促进课堂转型，由"教师教"转向"学生学"，改变教师教的方式，改变学生学的方式。但是课堂变化不大，一线教师不缺理念，目标也很清晰，问题在于，理念改变不了教师的课堂教学习惯，目标也不能规划教师的素养发展策略和路径，教学改革的瓶颈就在这里。

（二）信息技术不能有力支撑课堂变革

信息技术与课堂教学的融合伴随着课改行走了20多年，但背后隐含着一个问题，信息技术软件的研发一般是由技术人员基于自身专业认知对学校各学科教育教学过程进行设计与推送的，这就导致技术与学科专业结合的深度与广度不够，落实到基层一线教师常规教学中，则存在着由于学科切入角度不同而应用不足与不深的情况，导致技术与学科教学"两层皮"的现象，最终导致了为使用技术而设计教学程序的现象，即课堂教学反被信息技术绑架，信息技术没能真正起到提质增效的作用。

（三）数字化评价需要创建技术支撑的结构化课堂

当前，"互联网＋"数字技术加速了教育进入数字化转型的新阶段，教育评价、教学过程的数字化、精准化、可视化成为新的需求。数字技术为教育改革带来了挑战，同时也带来了新的契机，互联网平台、技术对教学最大的支持在于应用它实现教学评价的伴随式进行，以完成数字化、可视化记录，而这种评价技术需要教学过程必须结构化、模型化、标准化。教师教学方式群体变革也需要思维建模，需要课堂支架。《义务教育语文课程标准（2022年版）》中课程理念第5条提出："倡导课程评价的过程性和整体性，重视评价的导向作用。……注重评价主体的多元与互动，以及多种评价方式的综合运用，充分利用现代信息技术促进评价方式的变革。"

因此，互联网时代需要人们突破思维局限与认知边界，教学需要打破学科边界，依据元认知、大概念，引导学生探究知识系统、方法模型，科学规律与哲学思想，基于互联网思维建构问思辨教学模型。所谓互联网思维，就是一种跨时空、跨情境、跨文化、无边界思维方式。基于这种思维方式建构的问思辨教学模型是一种以元认知的大概念定位单元教学方向，提出一个核心问题，统领一组步步进阶的探究任务群，以"学—问—思—

辨—行"结构化教学模型为探究支架，引领学生自主合作学习的结构化教学模型，改正以往为应用技术而设计教学的本末倒置错误，有效利用技术赋能、平台支撑、数据驱动，坚持技术服从教学改革需求、技术为教学需要而设计的理念，真正实现以工具撬动教与学方式发生变革，提高教学效率。

三、主要做法

（一）基于互联网思维构建问思辨教学模型

问思辨教学模型是依据中国古代"格物致知"哲学思想而建构的。"博学之，审问之，慎思之，明辨之，笃行之。有弗学，学之弗能，弗措也；有弗问，问之弗知，弗措也；有弗思，思之弗得，弗措也；有弗辨，辨之弗明，弗措也；有弗行，行之弗笃，弗措也。"（《礼记·中庸》）问思辨教学模型的应用原理是：任何一个物，包括一本书、一篇文章、一个人，都可以分"物—器—道"三个阶段去研究其来龙去脉。经此三阶，可以盘点一个物、一本书、一篇文章、一个人，盘清其本质属性，盘清其与自然、与世界、与社会的关系，盘活其文化内涵，生成素养。这是一种超学科联通世界、获得认知世界规律的系统思维方式，是中国文化通识教育思想的应用。任何一个物的研究都需要从"定义—形式—变化—功能—原因—联结—观点—关系—表达"九大概念的不同维度切入，才可能把这个物研究清楚、透彻。

这是对中国古老哲学思想的创新性应用，是在实践中提炼出的一套方法论。具体到语文学科教学中，即我们从单元主题出发，确定大概念定位，提出核心问题统领大单元探究任务群，应用思维九法"检索—提取—整合—理解—分析—实证—归纳—演绎—总结"，完成问思辨的过程。这样一套程序化、结构化、标准化的教学模型可以与互联网思维相匹配，让专业技术人员能够按照这一套模型来设计支持教学变革的应用软件和评价系统。

表 5-7　小学语文问思辨大单元统整教学模型

单元主题			大概念
探究进阶		探究路径	语文学习任务群
学		知识了解、补偿、铺垫	文字积累与梳理
问		提出单元核心问题	跨学科学习
思	运用信息	检索—提取—整合	实用性阅读与交流
	进行推断	理解—分析—实证	文学阅读与创意表达
	形成观点	归纳—演绎—总结	
辨		多维建模	思辨性阅读与表达
行		迁移应用	整本书阅读

（二）基于问思辨教学模型设计支持教学变革的应用软件和评价系统

五年级师生正在进行《祖父的园子》的课堂教学。一上课，教师从"学"开始，检测课前预习任务完成情况。

检测任务 1：有感情地培养语感。要求小组合作，互相检查、评价，并帮助组员全部过关。这时，技术启动"智能抓拍"系统，选择情绪高涨、投入度高的小组和个人，记录精彩瞬间，供教师展示点评，激活课堂学习气氛，激励学生小组合作过程中同伴互助的共同体意识。结果：全班各小组互帮互学，集体达标。

检测任务 2：围绕课文内容和语言风格提出问题，小组内互相交流，选择出好问题，最后由组长汇报。这时，技术启动"语音转化"系统，收集组长汇报的问题，并直接在屏幕上转化成文字记录下来，供师生归纳整合，梳理出本课所探究的问题链。依据这一组问题链，提炼出核心问题：萧红的童年为什么能够如此自由自在、无忧无虑？在这个核心问题统领下，精简探究问题链，形成"思"的探究活动群。

探究活动 1：课文中哪些地方可以看出萧红的童年是自由自在、无忧无虑的？

学生进行课文阅读、批注，选择具体文段朗读品析，与同学交流。技术启动"扫描"功能、"放大镜"功能，帮助教师伴随学生的选段品析，快捷扫描本段文字，并以"放大镜"聚焦学生勾画的关键词语，给全班学生

113

留下深刻印象，形成阅读共鸣。

探究活动2：如此快乐幸福的童年生活是什么条件决定的？

学生需要联系自己的生活体验与本课所描述的生活情境，发表见解。技术启动"随机挑人"功能，促使全班全员全程参与探究讨论，公平公正，机会平等。同时，"智能抓拍""语音识别"伴随式记录每个学生课堂发言的次数、获得肯定与表扬的情况，最终汇总成为学生学习成长过程中的可视化数据。

进入"辨"的环节，辨题为：萧红的性格始终都是乐观开朗的吗？

这需要结合《呼兰河传》整本书阅读进行思辨，技术启动"资源提取"功能，借助互联网进入国家中小学智慧教育资源平台，调取《呼兰河传》文本，教师有目标地进行推送，学生可以在平板中浏览、阅读，了解萧红从童年到成年后性格的变化，了解《呼兰河传》创作的背景与动机。

进入"行"的环节，学生完成达标检测作业单。技术启动"智能阅卷""数据分析"功能，对学生个体、班级集体达标状态做出分析，帮助教师及时快捷地进行反馈、评价。

如此，以服务问思辨教学模型而设计的应用软件和评价系统，让技术真正支持课堂教学变革，并辅助课堂教学走向高质量的教育均等。

（三）数据驱动技术赋能，建构教学评价立体坐标系

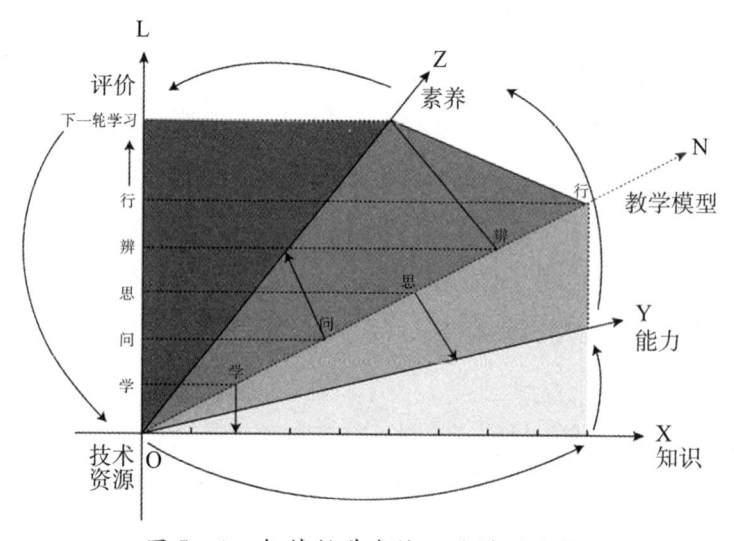

图5-1 智慧教学多维互动模型结构

教育新基建背景下的"智慧教学多维互动模型结构图"（见图1）是以技术支持评价、以评价统领三维目标落实的模型图。其中，原点 O 表示以技术为系统支持，N 轴表示以教学模型结构为中轴；以知识（X 轴）、能力（Y 轴）、素养（Z 轴）为多维发展轴；以评价为移动互联轴（L 轴），带动系统多维立体旋转，表达人的发展状态，进阶移动点在知识层次 X 轴上无限延伸。这个系统作为数字课桌设计智慧评价软件的理论依据，与教学需要一一对应，为实现结构化课堂提供精准评价依据，实现技术赋能数据驱动的精准化教学，提升课堂效率。

第二节　以大概念统整大单元策略

大单元统整策略是基于一个大概念，以"学—问—思—辨—行"引导学生探究一个知识原理、一个方法模型、一个科学规律、一个文化脉络，形成一种可以持续发展的素养发展实施策略。

大概念是揭示事物发展本质、规律、原理的思维认知。它可以定位一个单元教学探究的切入点、方向和角度，其价值在于让学生获得一种可以灵活运用的可迁移能力。它具备三个特点：1. 具有普适的、持久的解释力；2. 随着认知能力和经验的增长而逐级加深；3. 可以解决新情境中的新问题。

单元教学不只是教文字、教知识，而要超越知识的一维，走向能力发展的二维，进入素养发展的三维。

大概念—大单元—问思辨教学设计模型如下。

表 5-8 单元统整目标规划

单元解析	单元主题	单元组合	问题矩阵	单元目标	学科概念
确定大概念					
提出核心问题					

	目标三阶			探究路径	探究方法	
单元统整思路	物	文字	知识	建立模型	学	预习
						检测
					问	质疑
						归疑
	器	文学	能力	迁移模型	思	运用信息
						进行推断
						形成观点
					辨	辨析
						验证
	道	文化	素养	运用模型	行	迁移运用
三维评价	A：课前基础预学检测（学科知识评价）			B：课中同步阅读水平进阶评价（互文阅读六大能力评价）		C：课后单元思维模型整体评价（整本书阅读素养评价）

大单元教学目标按照知识—能力—素养三个维度整体规划。知识目标对应单元文字，它属于物的层面；能力目标对应文学层面的学习目标，它属于器的层面；素养目标对应文化，属于道的层面。

表 5-9　单元整合思路

	单元整合思路	大单元探究矩阵
1	确定概念	
2	提出问题	
3	设计方法	
4	探究路径	
5	形成能力	
6	达成素养	
7	建立模型	
8	设计评价	

单元整合分 8 个步骤，以探究性学习为主线，建构单元统整的立体化设计思路。

表 5-10　大单元探究路径

思维模式	大单元探究路径
学	知识了解、补偿、铺垫
问	单元核心问题
思	建立模型
	迁移模型
	运用模型
辨	多维思辨
行	口语表达
	书面写作
	全本阅读

"学—问—思—辨—行"是大概念大单元统整教学中的思维模型,是引导学生进行自主合作探究性学习的逻辑支架。"学"是对新知识的了解,是为"问—思—辨"做铺垫和补偿;"问"是对学生问题的整理,并依据大概念提出一个核心问题,将学生问题统领起来;"思"是围绕核心问题分层进阶的探究过程,通过一组问题链,设计一组任务群,解决一个核心问题,得到一个结论;"辨"是对"思"之结论进行多元审辨,并从中形成自我认知,实现思维建模,对应大概念形成一种素养;"行"是应用素养,带着思维模型走向新的情境中解决新的问题。

表 5-11 大概念探究进阶步骤

大概念探究进阶步骤		课时	
^^		探究路径	学科概念伴随支持
学				
问				
思	运用信息		
	进行推断		
	形成观点		
问				
思	运用信息		
	进行推断		
	形成观点		
辨				
行				
结语				

大单元探究进阶整体执行"学—问—思—辨—行"思维模型，根据核心问题在每一篇课文中的探究过程需要灵活应用：可以是一学一问两思一辨一行，也可以是一学一问三思一辨一行，并在思辨过程中注入思维九法，即：运用信息—分析推断—总结归纳—形成观点—验证推理等思维方法。这些思维方法是服务于探究大概念的工具，作为语文大单元教学，还必须伴随学科概念支持以落实学科教学。

大概念—大单元—问思辨统整教学模型是一种方法论、一套工具箱，一组课堂教学的系统化支架，其结构化流程具备规模化实施的优势，可以帮助教师群体实现教学方法的变革，支持学生自主合作探究性学习的落地。

实践证明，教学法一旦触及学生的情绪和意志领域，触及学生的精神成长需要，这种教学法就能高度有效地发挥作用。大概念—大单元—问思辨统整教学模型以大概念定位探究的高度，走进学生的精神领域，与学生的生活实践相联系，触及学生的情感、意志领域，从而构建高效课堂。

第三节 设计问思辨"一案三单"

问思辨探究模型"一案三单"包括：教师教案和课前预学单、课堂探究单、达标检测单（课后达标检测单+单元素养检测单）。

"一案三单"以"学—问—思—辨—行"教师教学法与学生探究法伴随式行进，"三单"同时与教学目标"认知目标—能力目标—素养目标"相互对应，以实现设计落地生长，实践落地生发，检测落地生根。

下面以统编教材小学语文五年级下册第四单元为例谈统整设计（包括单元整体教学"一案三单"和单课教学"一案三单"）。

先看单元整体教学"一案三单"（包括单元统整教案、单元整体预学单、阅读水平同步进阶测评单、整本书阅读素养测评单），单元教学内容编排见本书107页。

单元导读中编排了林则徐的一句诗："苟利国家生死以，岂因祸福避趋之。"通过这句诗，一下子就可以捕捉到本单元的主题：爱国行为、家国情怀。再看看本单元编排的课文中的主人公或作者：毛泽东、刘伯承、方志敏，杜甫、陆游、王昌龄，爱国气息扑面而来，单元内在的中心思想显而易见：每个人物的言行都与国家命运息息相关。

单元导读编排了两个语文要素：

1. 通过课文中人物动作、语言、神态的描写，体会人物的内心；
2. 尝试通过人物动作、语言、神态的描写，表现人物的内心。

第一个要素是阅读理解表达方法，第二个是对写作方法的实践应用，二者紧密相关。

下面看单元整体教学设计中如何将人文主题与语文要素统整起来。

表 5-12　大单元整体教学设计

	整合思路	探究矩阵
1	确定概念	关系。
2	提出问题	个人行为与国家命运之间存在怎样的关系？
3	提炼方法	借助人物的外在描写探索人物的内心感受，体会个人行为（情感）与国家命运的关系。
4	探究路径	以《军神》为模型，建立个人行为与国家命运之间关系的探究方法，迁移到后三篇课文以及其他阅读材料的学习。
5	形成能力	总结、提炼、判断、分析、整合，形成探索个人命运与国家命运关系的思维方法。
6	达成素养	（1）在阅读中多维度体会个人行为与国家命运的关系，懂得"苟利国家生死以，岂因祸福避趋之"的道理； （2）将文学作品中人物的责任担当、家国情怀，潜移默化为自己的人格品质； （3）懂得文学作品是通过人物的动作、语言、神态来透射他的心理活动和内在品质的。
7	建立模型	以《军神》中刘伯承将军的形象建模：这个人有怎样的精神品质？他为什么能够做到这样？和他一样的人物还有哪些？这些人共同的精神支柱是什么？让学生学会在后面的课文学习中运用这样一种学习方式，使学生最终懂得：个人命运与国家命运紧密相连，每个历史时代都造就了一批富有时代精神的人物。
8	设计评价	根据"关系"模型，以阅读、写作迁移学习评价，反向巩固"关系"逻辑运用。

表 5-12 中，单元整体教学设计首先确定大概念、提出核心问题，并依据单元人文主题，确定大概念为"关系"，即：每个爱国英雄的个人言行、情感都以国家命运为重，据此提出一个核心问题：个人行为与国家命运之间存在怎样的关系？以此问题统领大单元的教学。

表 5-13 大单元教学准备分析

单元主题	责任（爱国主义情怀）			
语文要素	通过课文中动作、语言、神态的描写，体会人物的内心；尝试运用动作、语言、神态描写，表现人物的内心。			
统整思路	物	知识目标	文字	(1) 识记本单元必写的生字、词语，读准多音字。(2) 理解词义，识记字形。(3) 了解课文的大意。(4) 默读课文，能概括课文的主要内容。
	器	能力目标	文学	(1) 构建深度思维能力，厘清刘伯承、杜甫、毛泽东、方志敏的家国情怀与国家命运的关系。(2) 学习运用正面描写与侧面描写相结合，用以突出主要人物的方法。(3) 能从描写人物的动作、语言、神态的语句中体会人物的内心世界。
	道	素养目标	文化	(1) 感受刘伯承、杜甫、毛泽东、方志敏可贵的家国情怀，体会先辈们强烈的责任感与使命感。(2) 能够跨文本、跨情境、跨时空，多维度体会个人行为与国家命运是密切相关的，形成正确认知：热爱祖国是每个人的责任，个人行为必须服从国家需要。
学科概念	正面描写、侧面描写。			
阅读资源	(1)《古诗三首》补充阅读材料：王昌龄《从军行》组诗、岳飞《满江红》、艾青《我爱这土地》； (2)《军神》补充阅读材料：千里跃进大别山、创办中国人民解放军军事学院、元帅翻译家等故事，《丰碑》《钱学森——中国人的骄傲》及《三国演义》中关羽刮骨疗伤不用麻药的故事； (3)《青山处处埋忠骨》补充阅读材料：《林则徐虎门销烟》录像资料、平行阅读材料《写在父亲毛泽东诞辰 110 周年之际》《守护苍生》等； (4)《清贫》补充阅读材料：《把钱退回去》。			

(续表)

	教学内容	课时分配
课时安排	1 单元开启和《军神》	2课时
	2 《古诗三首》	3课时
	3 《青山处处埋忠骨》	2课时
	4 《清贫》	1课时
	5 习作：他___了	1课时
	6 单元总结和语文园地	2课时
	7 整本书阅读：《红星照耀中国》（［美］埃德加·斯诺）	1课时
	合计	12课时

表5-13制定单元教学目标，确定学科概念，拓展阅读资源，安排课时计划，以单元为单位做好教学实施的准备。

表5-14 大单元探究路径

思维架构		探究路径
学		通过课文中人物的动作、语言、神态的描写，探索人物的内心感受，体会个人行为（情感）与国家命运的关系。
问		个人行为与国家命运之间存在怎样的关系？
思	建立模型	以《军神》建模，探究刘伯承将军个人行为与国家命运的关系： （1）阅读文本，引导学生抓住描写刘伯承动作、神态、语言的语句及沃克医生前后态度变化的句子，从文本的角度探究刘伯承被称为"军神"的原因。 （2）结合补充材料，进一步了解刘伯承，丰富"军神"形象，达成同一概念的多元认知。 （3）通过对比阅读，从《丰碑》、《灯光》、《钱学森》、"抗疫英雄张定宇"的故事中，探索类似于刘伯承这样的人物具有的家国情怀与爱国品质，深刻认识到"家国责任"的重大意义。 （4）回归文本主要人物刘伯承，结合阅读材料及自己的阅读积累，从探究文学作品中人物的家国情怀到激发我们自己的爱国情怀，体会个人行为与国家之间的紧密联系。

第五部分 问思辨大概念大单元统整三维目标

(续表)

思维架构		探究路径
思	迁移模型	以《古诗三首》为迁模课，探究杜甫的家国情怀与国家命运的关系： (1) 读古诗《闻官军收河南河北》，画出诗中描写人物神态、动作的词语，体会杜甫是如何表现自己喜悦心情的。 (2) 学生通过课外材料，获得信息，对杜甫进行评价。 (3) 以问题"你怎样认识安史之乱中的杜甫"为引，探究杜甫的个人行为与国家命运之间的关系。 (4) 结合《从军行》组诗、艾青《我爱这土地》等课外阅读材料，判断在不同的时空下，诗人写出相似情感的诗歌的原因。 (5) 思维升级：探究国家衰亡时，个人命运与国家命运紧密相连是造就"国家不幸诗人幸"的根本原因。
		以《青山处处埋忠骨》为迁模课，探究毛泽东同志的家国情怀与国家命运的关系： (1) 走进文本，抓住描写毛泽东动作、语言、神态的语句，探究课文所表现的毛泽东的内心世界。 (2) 结合文本和课外资料，多角度体会"青山处处埋忠骨，何须马革裹尸还"这句话的含义。 (3) 紧扣单元人文主题，以"毛泽东的家国情怀与国家命运有着怎样关系"为问题驱动，探讨个人行为、家国情怀与国家命运的关系。 (4) 通过观看视频、平行分组阅读课外拓展材料，体会古往今来那些具有家国情怀的人，他们对国家命运的影响，让学生学会迁移、联系，延伸到一个普通人平凡的举动、点滴行为与国家命运之间的关系。
	运用模型	以《清贫》为运模课，探究方志敏烈士与国家命运的关系： (1) 抓住课文描写人物动作、语言、神态的语句，结合补充资料，理解"清贫"的内涵，体会方志敏的高贵品质。 (2) 通过群文阅读，体会共产党人个人行为与国家命运的关系。 (3) 结合文本绘制思维导图，梳理陆游、刘伯承、毛泽东、方志敏这些伟大人物的个人行为与国家命运的关系。
辨	多维思辨	在最后一篇《清贫》结课时总结四篇课文的探究方法，得出多维建构模型： (1) 以课文中伟大的人物形象建立个人行为与国家命运的关系。 (2) 跨越文本，从多种文学材料中探究不同的人物形象，来表现这种关系。 (3) 从探究文学作品中人物的家国情怀，到激发我们自己的爱国情怀，体会个人行为与国家之间的紧密联系。

123

(续表)

思维架构		探究路径
行	书面写作	运用动作、语言、神态等描写，把人物的表现写具体，反映出人物的内心活动，是本单元四篇课文描写人物的方法，也是表现关系的描述方式。本单元习作，是让学生选择某人给自己留下深刻印象的事情，从多个角度把人物当时的表现写具体，反映出人物的内心活动。
	整本书阅读	本单元安排了一课时的整本书阅读，选择了阅读埃德加·斯诺的《红星照耀中国》这本书。学生通过对这本书的阅读，了解埃德加·斯诺在采访中所记录下来的毛泽东、彭德怀、周恩来、徐特立等人物形象，分析比较自己印象中和书中介绍的红军情况的异同，体会中国共产党、中国工农红军的艰苦奋斗、牺牲奉献的精神以及与国家命运的关系。

表 5-14 以"学—问—思—辨—行"探究模型进行思维建模，是单元统整教学的主体部分。

本单元四篇课文的教学是这样安排、统整的：以《军神》为建模课，探究刘伯承将军个人行为与国家命运的关系；以《古诗三首》为迁模课，跨越历史时空探究杜甫的家国情怀与国家命运的关系；以《青山处处埋忠骨》为迁模课，跨情境探究毛泽东同志的家国情怀与国家命运的关系；以《清贫》为运模课，探究方志敏烈士与国家命运的关系，验证核心问题的探究结论。最后归纳总结 4 篇课文的探究方法、探究结论，得出关于核心问题的多维建构模型。

表 5-15 大单元阅读能力测评设计

课文	互文	思维架构		
		问	思	辨
《军神》	《钱学森——中国人的骄傲》（全文）	钱学森和刘伯承身上所体现的共同品质是什么？	钱学森的个人行为与国家命运有什么关系？钱学森在美国得到了丰厚的待遇，他却毅然决然放弃，回到当时贫穷落后的祖国，这个行为中包含着一种可贵的品质就是爱国情怀、责任意识。他成为"中国导弹之父""两弹一星元勋"，因此，新中国的国防安全才能掌握在中国人自己手中。	钱学森留给我们最可贵的财富是什么？

(续表)

课文	互文	思维架构		
		问	思	辨
《古诗三首》	《从军行》组诗、岳飞《满江红》、艾青《我爱这土地》	是什么原因让不同时空的诗人写出有相似情感的诗歌？	诗人的个人行为与国家命运有什么关系？在不同的时空下，诗人的行为与国家命运紧密相连，是促使他们拥有相似的诗歌和情感的原因。尤其是在国家衰亡的时候，往往涌现出大批杰出的诗人和优秀的诗歌。	国家不幸诗家幸，这矛盾吗？
《青山处处埋忠骨》	毛岸青、邵华《写在父亲毛泽东诞辰110周年之际》（节选）	毛泽东同志究竟是个怎样的人？	毛泽东同志的个人行为与国家命运有什么关系？在中国人民的心中，他是……在亲生儿女眼中，他是……在毛泽东自己的心中，他是……毛泽东同志以国家利益为重，把天下儿女都当成自己的儿女，所以，他才能带领中国人民走向独立与解放。	毛泽东同志心中装着国家、装着人民，唯独没有装自己的儿女，是这样吗？
《清贫》	《把钱退回去》	彭德怀将军退给国家的只是一点钱吗？	彭德怀的个人行为与家国命运有什么关系？彭德怀部长退回去的那一点钱，对于当时四万万中国人民来说，起不了多大作用。但是，这份忠诚，这份爱，传递出的是一股磅礴的力量。"过去，我们节约每一个铜板，是为了革命战争；今天，我们节约每一分钱，是为了国家的经济建设。"毛泽东、彭德怀、周恩来，他们都一样，为了国家解放和民族独立，老一辈无产阶级革命家心中没有自己，只有国家和人民。	有人说："一分钱起不了什么作用。"你怎么看？

表5-15以互文阅读进行能力测评，选择与每一篇课文主题类似的文章进行拓展阅读，一方面继续运模验证大概念，一方面进行阅读能力的测评。

表 5-16 大单元整本书阅读设计

思维架构	六大能力	单元整本书阅读《红星照耀中国》（[美] 埃德加·斯诺）
问	感知力	阅读并了解埃德加·斯诺在采访中所记录下来的毛泽东、彭德怀、周恩来、徐特立等人物形象。
问	协作力	分组探究：自己印象中和书中介绍的红军状况的异同。各组梳理、归纳观点，最终进行展示。
思	思维力	《红星照耀中国》这个书名的深层含义是什么？
思	创造力	假如你也是一位记者，让你采访当代中国的杰出人物，你会选择谁作为采访对象？并请你设计一组问题。
辨	审美力	请你为书中最喜欢的红军写一段操行评语。
辨	表达力	红军眼中的埃德加·斯诺是怎样的人？他的行为与家国命运有关系吗？

表 5-16 以《红星照耀中国》整本书阅读进行素养测评，这是大单元统整教学中的一个重要策略，即从单元设计一开始就为学生选择与本单元主题相匹配的整本书进行全班共读，在单元教学结束时，安排一堂整本书阅读思辨课，从六个能力维度设计思辨题，全班共同探讨、研究，达到素养测评的目的。一个单元一本书，匹配大概念，呼应核心问题，这是语文素养发展的高级统整策略。

下面来看一看为支撑这一单元统整教案而设计的"三单"作业。

第一单　大单元整体教学课前预学单

一、准确、通顺地朗读本单元课文，并完成下面的表格。（对应单元知识目标，锻炼提取信息的能力）

序号	课文题目		主人公	主要事件
9	《古诗三首》	《从军行》		
		《秋夜将晓出篱门迎凉有感》		
		《闻官军收河南河北》		
10	《青山处处埋忠骨》			
11	《军神》			
12	《清贫》			

二、小组合作讨论：为什么要把这些课文编排在一个单元里？分析理由并写下来。（对应单元知识目标，培养自主合作探究的学习能力）

三、"苟利国家生死以，岂因祸福避趋之"这句话的意思是什么？用自己的语言翻译成现代文。（对应单元知识目标，聚焦中心思想）

四、林则徐是一个怎样的人？搜集资料，写一段100字以内的简介。
（对应单元知识目标，锻炼信息提取整合应用能力）

五、本单元编排了两条语文要素：1. 通过课文中人物动作、语言、神态的描写，体会人物的内心活动；2. 尝试运用动作、语言、神态描写，表现人物内心活动。请思考这两条语文要素的内在联系。（对应知识目标，锻炼关联性思维能力）

这份预学单以单元整体阅读为前提，锻炼五年级学生的自主学习能力。五道题依次设计为：读准、读通课文；提取信息；提取单元内容的共同点；理解单元人文主题，捕捉单元中心思想；理解单元语文要素。这五道题目与传统的语文作业迥然不同，理念就是让学生自主探究，让学生的"学"从整体理解开始。

第二单 阅读水平同步进阶测评单

本单通过阅读《光明日报》文章《钱学森——中国人的骄傲》来进行六大阅读力测评的设计。

一、感知力

1. 下列对材料有关内容的分析和概括，最恰当的两项是（　　）

A. 钱学森在美国二十年，学术上取得了辉煌的成就，拥有优厚的工作待遇，然而，他毅然决然放弃这些，是因为他心中有一种强烈愿望：祖国要强大。

B. 钱学森是美国航天科学创始人、著名物理学家冯·卡门的得意门生，经冯·卡门推荐，钱学森参与了美国军方研究火箭发动机推进导弹这一重大的军事课题。

C. 20世纪50年代，钱学森毅然放弃了国外待遇优厚的工作、生活和学习条件，冲破阻力，回到祖国，受到了党和政府的关怀和重视。

D. 美国军方阻挠钱学森回归祖国，是因为钱学森参与美国军方军事机密课题研究，更重要的是钱学森当时是美国空军无人航天器长远规划的关键人物。

二、协作力

2. 同桌之间互相合作，归纳出钱学森和刘伯承的人物品格的异同。

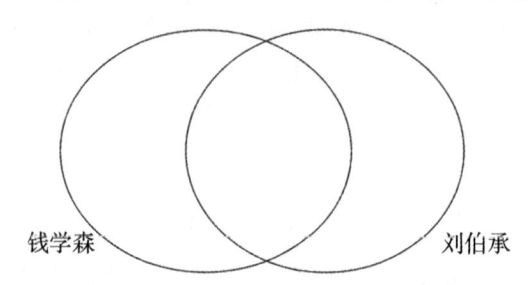

（钱学森　　　刘伯承）

三、思维力

3. 钱学森在美国整整生活了二十年，生活优渥，工作也拥有丰厚的待

遇，他却选择放弃这些，回到当时贫穷落后的新中国。根据你的理解，他这样做是因为（　　）【多选题】

  A. 钱学森始终眷恋着生他养他的祖国。

  B. 他渴望为新中国贡献自己的智慧和力量。

  C. 他盼望新中国强大，他认为这是他的使命和责任。

  D. 美国海军次长威胁他，他觉得在美国已经不够安全，如果不回国恐怕以后没有机会了。

四、创造力

4. 假如你是一位记者，有机会采访钱学森先生，你想采访什么呢？请准备好你的问题提纲。

五、审美力

5. 钱学森 2007 年被选为感动中国人物。请阅读下面的颁奖词，思考他身上哪一种精神品质最打动你。结合文章，写出你的内心感想。

  颁奖词：在他心里，国为重，家为轻，科学最重，名利最轻。五年归国路，十年两弹成。开创祖国航天，他是先行人，披荆斩棘，把智慧锻造成阶梯，留给后来的攀登者。他是知识的宝藏，是科学的旗帜，是中华民族知识分子的典范。

六、表达力

6. 人们都赞誉钱学森是"中国人的骄傲"，钱学森值得中国人骄傲的品质是什么呢？请结合材料谈谈你的理解。

对应能力目标

  本测评单选择互文阅读方式来测评学生语文阅读六大能力：感知力、协作力、思维力、创造力、审美力、表达力，这是大概念大单元统整教学的一个重要测评工具。对应六大能力，我们从六个维度设计作业，让学生对一篇文章从阅读输入到表达输出，完成一个同化、顺应的意义建构过程。通过迁移阅读思维方法，建构学生的跨文本跨情境探究能力。

第三单　整本书阅读素养测评单

这一单通过对《红星照耀中国》整本书进行探究、思辨，形成了大概念核心素养，即：国家命运是由一个个、一群群人的共同行为决定的。题型设计依然使用六大阅读能力测评工具。

"一案三单"教学设计示例

下面以《军神》为例，设计一课的"一案三单"，包括：单课教案；单课预学单、课堂探究单、达标检测单（单课达标检测单+单元综合素养检测单）。

表5-17　《军神》教案

课题	《军神》
教学目标	1. **知识目标** （1）识记本课必写必会生字、词语等知识要点。 （2）理解字义，识记字形。 2. **能力目标** （1）分角色朗读课文，读出人物对话的语气。 （2）能从描写人物的动作、语言、神态的语句中体会人物的内心。 （3）能说出刘伯承是军神的原因，感知军神形象。 （4）学习正面描写和侧面描写相结合的写作手法，体会其写作效果。 3. **素养目标** （1）感受刘伯承钢铁般的意志，领会其坚定刚毅、不怕困难的精神背后是一种责任和担当。 （2）认识到个人行为与国家命运密切相关，树立报效祖国的志向。
教学重点	1. 能从描写人物的动作、语言、神态的语句中体会人物的内心。 2. 能说出刘伯承是军神的原因，感知军神形象。
教学难点	学习正面描写和侧面描写相结合的写作手法，体会其写作效果。
课时计划	2课时

(续表)

探究进阶		探究路径	二次备课
任务驱动	学	**预学检测** 1. 随机点名，让学生展示课前搜集的关于刘伯承将军的资料。（课件出示课文背景资料） 2. 小组内互查课文朗读情况，互相进行评价。 3. 随机点名，检测词语读音（弹幕解释自己已经理解的词语）。 沃克医生　解开绷带　一丝惊疑　从容镇定 伤势严重　重新审视　麻醉剂　　脑神经 可以哼叫　一声不吭　由衷担心　晕过去 脸色苍白　勉力一笑　大声嚷道　堪称军神 肃然起敬　川中名将　神情慈祥　久仰久仰 4. 概括课文的主要内容。（智慧课堂抢答）	
问题呈现	问	**问题梳理** 1. 提出学习中解决不了的问题，在小组内交流解决。 2. 各小组提出组内解决不了的问题，其他小组答疑解惑。 3. 梳理小组解决不了的问题，教师引导梳理归纳。 **预设核心问题** 1. 刘伯承将军为什么被称为"军神"？ 2. 文章的主人公是刘伯承将军，为什么作者要用大量的语言来写沃克医生的情绪、神态的变化？	
探究活动	思	**探究活动1** 1. 刘伯承将军为什么被称为"军神"？ （1）默读课文，圈画出描写刘伯承语言、动作、神态的句子和词语，边读边体会刘伯承将军坚强的意志力，并写出你的感受。 （2）小组交流、汇报。 在学生自我感悟的基础上，指导学生分角色朗读课文，抓住课文中刘伯承将军的表现，体会刘伯承将军钢铁般的意志，并交流感受。 2. 反复朗读课文第16、17自然段，从刘伯承将军在手术中的动作、神态描写设身处地地感受刘伯承将军承受的剧烈疼痛及坚强的意志。 3. 小结：刘伯承将军的确凭着自己清醒的大脑，以超凡的才智、英勇无畏的精神，为中国革命事业建立了不朽的功勋。	

131

(续表)

探究活动	思	**探究活动2** 1. 这篇文章的主人公是刘伯承将军，为什么作者要用大量的语言来写沃克医生的情绪、神态的变化？ 2. 默读课文，圈画出描写沃克医生语言、动作、神态的句子，写出你的感受。 3. 课件展示沃克医生的四句话，小组交流：从中体会到什么？体会沃克医生由生气到吃惊，再到由衷佩服的情感变化。 进一步体会刘伯承将军之所以被称为"军神"的原因。 4. 思辨：这篇文章的主人公是刘伯承将军，为什么作者要用大量的语言来写沃克医生的情绪、神态的变化？ 5. 小结：这篇文章的主要人物是刘伯承将军，文章用这么多笔墨描述沃克医生，是用侧面描述正面烘托刘伯承将军。这种方法应用在习作中，可以使所塑造的人物形象更加清晰。 6. 引导学生说说还知道哪些像刘伯承将军一样为祖国的解放和建设事业做出杰出贡献的英雄人物，将这些英雄人物的名字写在书上。 **探究活动3** 刘伯承将军被称为"军神"，仅仅是因为他能忍受骨肉之痛吗？ 阅读《千里跃进大别山》等材料，丰富他的"军神"形象。	
	辨	辩题：是个人生命重要，还是国家命运重要？ 正方：个人生命很重要，理由是什么？ 反方：国家命运更重要，理由是什么？ 总结：两者都很重要，但当面临二者只能择其一的时刻，必定要以国家命运为重。	
评估检测	行	1. 阅读课后链接《丰碑》，解读"丰碑"的含义，将自己的感受、感悟批注在书上。 2. 完成达标检测单。	

这是《军神》一课的教案。这份教案依据大单元统整教学策略，确定"知识—能力—素养"三维目标，以"学—问—思—辨—行"为探究模型，实现了对核心问题"刘伯承的个人行为与国家命运之间有怎样的关系"的

具体探究。

其中的三个问题：刘伯承将军为什么被称为"军神"？这篇文章的主人公是刘伯承将军，为什么作者要用大量的语言来写沃克医生的情绪、神态的变化？刘伯承将军被称为"军神"，仅仅是因为他能忍受骨肉之痛吗？步步进阶，逼近核心问题，然后思辨：是个人生命重要，还是国家命运重要？呼应核心问题，引导学生形成正确的情感、态度、价值观。

《军神》课前预学单

1. 默读课文三遍，用已掌握的识字学词方法，消除阅读障碍，做到准确、通顺。

2. 准确认读本课新词，给加点字注音。

沃克医生	解开绷带	一丝惊疑	从容镇定
伤势严重	重新审视	麻醉剂	脑神经
可以哼叫	一声不吭	由衷担心	晕过去
脸色苍白	勉力一笑	大声嚷道	堪称军神
肃然起敬	川中名将	神情慈祥	久仰久仰

3. 收集刘伯承的资料，同桌之间进行交流。

4. 用一句话概括课文的主要内容：＿＿＿＿＿＿＿＿＿＿

5. 根据自己的思考，提出一个探究问题：＿＿＿＿＿＿＿＿＿

【总结：课前预学单是对照课程标准设计的保底学单，将学生的自学落到基础目标上，如：识字学词、概括课文内容、了解写作方法、提出不懂的问题。其中1~4题对应知识目标，5题对应能力和素养目标。】

《军神》课堂探究单

探究活动1

探究问题：

刘伯承将军为什么被称为"军神"？

探究任务：

1. 从下面的句子中，勾画出描写人物语言、动作、神态的词语，体会人物的内心活动。

（1）病人平静地回答："沃克医生，眼睛离脑子太近，我担心施行麻醉会影响脑神经。而我，今后需要一个非常清醒的大脑！"

（2）病人一声不吭，他双手紧紧抓住身下的白床单，手背青筋暴起，汗如雨下。他越来越使劲，崭新的白床单居然被抓破了。

2. 通过课前收集资料，你还知道刘伯承将军的哪些故事？举一例，说明他果然是"军神"。

探究活动2

探究问题：

这篇文章的主人公是刘伯承将军，为什么作者要用大量的语言来写沃克医生的情绪和神态的变化？

探究任务：

3. 从下面的句子中画出表现沃克医生心理变化的词语，领会侧面描写的作用。

（1）医生沃克端坐在桌后。他头也不抬，冷冷地问……

（2）他愣住了，蓝色的眼睛里闪出一丝惊疑。他重新审视着眼前这个人，冷冷地问……

（3）"我当过军医，这么重的伤势，只有军人才能这样从容镇定。"

（4）沃克医生的目光柔和下来，他吩咐护士："准备手术。"

（5）沃克医生再一次愣住了，竟有点儿口吃地说："你，你能忍受吗？……"

（6）沃克医生吓了一跳……

（7）沃克医生惊呆了，大声嚷道："……你堪称军神！"

（8）沃克医生的脸上浮现出慈祥的神情。

（9）沃克医生肃然起敬……

总结侧面描写的作用：＿＿＿＿＿＿＿＿＿＿＿＿＿＿＿＿＿＿＿

探究活动3

探究问题：

刘伯承将军被称为"军神"，仅仅是因为他能忍受骨肉之痛吗？

探究任务：

4. 阅读下文，从中寻找"军神"的形象，并与同伴交流。

《千里跃进大别山》

1947年，遵照党中央的决定，刘邓大军向大别山挺进。

经过连续十几天的行军作战，8月23日晚上，先头部队十八旅到达汝河北岸。

国民党反动派集中兵力在刘邓大军后面紧紧追赶，还在汝河南岸布置了一条几十里长的防线。当十八旅到达汝河北岸的时候，敌人早已把渡口两岸的船只统统拖走、砸毁了。河水有一丈多深，人马过不去。前有强敌，后有追兵，情况十分紧急。

肖旅长和李政委正站在河边商量着进军的办法，一个参谋跑来报告："刘伯承司令员和邓小平政委来了！"肖旅长和李政委赶紧迎上去，只见刘司令员和邓政委由纵队首长陪同，大步走了过来。

邓小平政委叫参谋长打开军用地图，和其他几位首长一起分析了形势。情况确实很严重，大家不约而同地望着刘邓首长。

"我们要采取进攻的手段，从这里打开一条通路。"刘司令员扶了扶眼镜，用手指在地图上一画，接着说，"不管敌人有多少飞机、大炮，我们一定要迅速前进，一定要实现跃进大别山的战略计划！"他叮嘱肖旅长说："要记住，现在是'狭路相逢勇者胜'，要勇，要猛！"

"狭路相逢勇者胜"这句话，很快在部队中传开了。任务一级一级地往下传达：不管敌人的飞机、大炮多么厉害，一定要杀出一条血路，跃进大别山。每条步枪都插好刺刀，每颗手榴弹都揭开后盖，遇见敌人就打，绝不留下敌人的一个据点，绝不留下一个顽抗的敌人。

漆黑的夜空被战火照亮了。冒着敌人冲天的炮火，我军在汝河上搭起了一座浮桥。先头部队的战士如猛虎出山，杀向敌人。他们攻占了一个村庄，又扑向另一个村庄；拿下一个据点，又进攻另一个据点。一夜之间，十八旅就攻下了十几个村庄，打开了一条六七里宽的通路。主力部队从打开的通路冲了上去，大军像决堤的洪水，向西南方向奔流。

"狭路相逢勇者胜。"我军胜利了！刘邓大军跃进大别山，像一把钢刀插进了敌人的心脏。

【课堂探究单与教案中的三个探究问题一一对应，将探究过程中的阅读理解、思考结果，扎扎实实落在课堂探究单上，不让教学虚走一步，学生的理解能力、应用语言的实践能力、思维能力都会同步发展。】

《军神》达标检测单

基础达标

一、补充词语并选择合适的词语填入后面的句子。

一（　）见（　）　　（　）（　）镇定　　（　）然（　）敬

一（　）不（　）　　青筋（　）（　）　　（　）如（　）下

1. 抗疫人员毅然奔赴疫区的行为，让我＿＿＿＿＿＿＿。

2. 老师＿＿＿＿＿＿＿地指出我们这次比赛失利的原因。

二、读句子，看拼音写词语。

沃克医生是一位表面冷静、心底（　cí shàn　）的医生。他手术时神态（　ān xiáng　），神情（　cí xiáng　），毫不慌乱，（　kān chēng　）医神。

三、回顾课文，完成填空。

1. 《军神》一文中的主要人物是＿＿＿＿＿＿，文中却更多地描写了沃克医生的神态和心理变化，这种描写方法叫＿＿＿＿＿＿，其表达作用＿＿＿＿＿＿。

2. 文章以《军神》为题，表达了作者什么样的思想感情？

＿＿＿＿＿＿＿＿＿＿＿＿＿＿＿＿＿＿＿＿＿＿＿＿＿＿＿＿＿＿＿

3. 由此联想到《丰碑》一文，表达了作者什么样的思想感情？

＿＿＿＿＿＿＿＿＿＿＿＿＿＿＿＿＿＿＿＿＿＿＿＿＿＿＿＿＿＿＿

（从知识迁移到能力，在运用中掌握知识，在转化中深入理解。）

素养提升

四、阅读短文，回答下列问题。

刮骨疗伤（节选）

关羽攻打樊城时，被毒箭射中右臂。将士们取出箭头一看，毒已渗入骨头，劝关羽回荆州治疗。关羽决心攻樊城，不肯退。后来，关羽箭伤加重，大家便派人四处寻找名医。

一天，有人从江上驾小舟来到寨前，自报姓华名佗，特来给关羽疗伤。关羽问华佗怎样治，华佗说："我怕你害怕，因此要立一柱子，柱子上吊一环，把你的胳膊套入环中，用绳子捆紧，再盖住你的眼睛，给你开刀治疗。"关羽笑着说："不用捆。"然后吩咐设宴招待华佗。关羽喝了几杯酒后就与人下棋，同时把右臂伸给华佗，并说："随你治吧，我不害怕。"华佗切开肉皮，用刀刮骨。在场的人吓得用手捂着眼。再看关羽，边喝酒，边下棋，谈笑风生。过了一会儿，血流了一盆，骨上的毒刮完了，关羽笑着站起来对众将说："我的胳膊伸弯自如，好像从前一样。华佗先生，你真是神医呀！"华佗说："我行医以来，从没见过像你这样了不起的人，将军乃神人也。"

1. 选文运用了（　　）等人物描写的方法来刻画关羽的形象。（多选）

A. 语言描写　　B. 动作描写　　C. 神态描写　　D. 心理描写

2. 对"在场的人吓得用手捂着眼"理解有误的一项是（　　）

A. 在场的人被华佗切开关羽肉皮刮骨的过程吓坏了。

B. 在场的人的反应与关羽的从容淡定形成对比，衬托出关羽钢铁般的意志。

C. 在场的人胆小如鼠，看到血吓坏了。

3. 选文三次写关羽"笑"，请联系上下文，写出其作用。

（1）关羽笑着说："不用捆。"_____

（2）边喝酒，边下棋，谈笑风生。_____

（3）骨上的毒刮完了，关羽笑着站起来……_____

4. 刘伯承被沃克医生称为"军神"，关羽被华佗称为"神人"。你是怎么理解二位被称为"神"的？

_____

（跨文本、跨情境理解关联，从能力向素养迁移。）

【"达标检测单"是课堂探究结束后进行的随堂检测，分基础达标和素养提升两部分。基础达标是一个保底的作业，注重知识在应用中掌握；素养提升是阅读链接另一个"军神"故事——华佗为关羽刮骨疗伤，增加了历史知识的同时，也增强了学生的阅读兴趣。如果说单元统整教学是主干，这里就相当于补充了侧枝。】

大单元素养检测单

一、感知力（结构化认知）

1. 读了本单元课文，你对个人行为与国家命运之间的关系有怎样的理解和认知？试从每一课每一个人物归纳出一条。

杜甫：没有国家的和平与安宁，就没有家庭的团聚和个人的自由。

毛泽东：_____

刘伯承：_____

方志敏：_____

二、记忆力（存储与提取）

2. 默写《从军行》或《秋夜将晓出篱门迎凉有感》。

_____

_____，_____。

_____，_____。

_____，_____。

三、思维力（思维方式）

3. 本单元编排了三首古诗与三篇课文，请思考为什么这样编排，并发表自己的见解。

_____

_____

_____

_____

四、审美力（审美与鉴赏）

4. 把下面的古诗仔细、认真地誊抄在下面的方框内。

凉州词
[唐] 王之涣

黄河远上白云间，一片孤城万仞山。

羌笛何须怨杨柳，春风不度玉门关。

```
┌─────────────────────────────────────┐
│                                     │
│                                     │
│                                     │
│                                     │
└─────────────────────────────────────┘
```

5. 结合《清贫》一文，分析方志敏的"美"。

_____

_____

_____

五、创造力（语言的创造性转化和表达）

6. 官军收复河南河北，杜甫一家终于可以结束颠沛流离的生活了。想象一下他们此时的心情如何，会说哪些话，会做哪些事，根据当时的情景，演一演，补全下面的小剧本。

［公元763年春天，安史之乱终于结束了。流寓四川的杜甫一家听说了这个消息。］

妻子：_____

儿子：_____

杜甫：_____

六、表达力（道德价值和力量升华）

7. 刘胡兰宁死不屈，牺牲在敌人的铡刀下；解放战争中，董存瑞舍身炸碉堡；抗美援朝战场上，黄继光用自己的胸口堵住敌人的枪口，邱少云为了不暴露部队埋伏点，在烈火中一动不动。试分析他们的行为，写下自己的看法和感想。

【总结：单元综合素养测评单是对单元主题、学习内容的综合整理与复盘行动，是将大单元统整的大概念与学科概念相互融合的素养测评。本测评单设计时依然采用六大能力测评工具，但是覆盖面是整个单元内容，而且回归单元教学目标，聚焦重点进行测评。如：审美力从古诗书法审美与人物精神审美两个层面来设计；创造力以古诗情境转化成话剧情境，考查学生语言创造性转化能力；表达力以中国革命文化素材，引导学生运用本单元习得的大概念对一组英雄人物的行为发表自己的看法和感想，渗透立德树人教育，让本单元所习得的素养得以内化、沉淀。】

作业是教师送给学生的一份礼物。教师只有倾注了对教学意义的理解，对学生素养形成的认知，才可能设计出让学生沉浸于其中、乐此不疲的作业，即便有困难也欲罢不能。因此，做作业是学生返还给教师的一个价值翻倍的礼物，批阅作业是师生之间思维与思维的碰撞、心灵与心灵的沟通、精神与精神的相遇。

作业设计与教学设计一一对应，让作业伴随教学过程中知识、能力、素养目标的扎实落地，走出了课后题海战术，实现了减负增效的目的。

最重要的是，这种设计以集体备课形式，提前完成并传入智慧教育云平台，教师应用智慧课堂信息技术设备的辅助功能，让检测评价快捷、及时，并富有个性化，发挥了平台+资源+数据评估的高质量发展教学环路的作用，让大单元统整教学与互联网时代的教育新基建同步合拍。

第四节　为什么要给语文教学确立单元大概念

中国的汉语教学在古时候没有形成学科体系。"五四"以后，开始叫"国语"，中学阶段叫"国文"，1949年以后改称为"语文"。在上百年的名称演变中，从未提及大概念，也没有追溯到孔夫子的教学，更没有什么思维之说，为什么进入21世纪，我们要对语文教学谈概念，而且要给每个单元确定一个超学科大概念？主要有以下三个方面的考虑。

一、教育目标的高位选择

递弱代偿原理是生物界的一条繁衍定律，在社会发展、人类文明进步领域也能讲得通。时代越发展，科技越进步，信息越发达，人类所面对的世界就越丰富、越复杂，学习的视野就会越宽泛，这对于人类文明只能是一种补偿，是对认知深度和思维高度不足的一种补偿，但是这种补偿往往是越补越弱。人类教育之所以重要，就因为人类能够认知这个定律，也能够能动地打破它，实现进化与飞跃。所以，学科教学就不能容忍信息丰富和内容宽泛带来的干扰和迷惑，而要引导学生的认知走向对规律和本源的探究，引导学生的思维向深层和高阶发展。

因此，在这个越来越多变、越来越不确定的信息时代，语文教学给每个单元确定一个超学科的大概念，就好比给一艘漂浮不定的船找一个锚点，使其定位下来。一个语文教学单元中的"锚点"，就是文学和文化的定位。只有老师想清楚文学和文化的定位，一个单元的教学才能上出大单元、大语文的水平。因为定位文学、文化，就意味着这个单元的教学不只是教文字、教知识，不只是在内容上绕圈圈、打转转，而是要超越知识一维，走向能力发展的二维，进入素养发展的三维。这种清晰的教学进程，就是以大概念为"罗盘"的，方向明确。如果没有大概念的定位，语文课堂这只"船"就会漂泊不定、随波逐流，徘徊在知识、内容和写作方法之间，低效且浪费。

二、人类思维进化的需求

超学科大概念，是思维范畴的概念，定义、原因、关系等九大概念都是思维元认知的概念，直接指向事物的本质、规律、原理、根源。所以，大概念驱动问思辨大单元统整教学模型的最大特征，就是以一个超学科的大概念，定位学科教学走向思维意识发展这个核心，这是对人类学习进步的当代定位，离开思维，所有的学习都缺少深度。而面对人工智能的挑战，人类必须在思维品质上走在人工智能的更高层，这是我们必须要觉醒的一点，而且觉醒得越早，人类越有能力解决各种自然灾难、生存危机问题，这也正是万物启蒙课程逻辑站位高的体现。

三、学生素养发展的需要

以超学科大概念定位语文大单元教学，可以在小学语文教学乃至九年义务教育各学段间建立纵向进阶的素养发展梯度，避免知识、能力的重复学习或断位塌陷。

因为义务教育阶段语文教材单元编排的分类明目并不繁多，有人文主题类（自然之美、家国情怀……）、文学体裁类（记叙文、说明文……）、阅读策略类（阅读方法、阅读速度……）、习作方法类（写景、写人……）等。以这几种分类从小学低段、中段、高段，一直延续到初中，全程分四个学段。

如果我们以同类单元确立步步进阶的大概念建立素养发展的纵轴，以各学段的教学目标建立横轴，就构成许多个坐标系。在每个坐标系中，每一种单元分类在每一个学段确立的大概念探究都将为下一个学段继续探究打下基础，这样，各学段就会有同类单元多次大概念探究的进阶，不重复，不断位，层层递进，螺旋上升，学生的语文素养也得到接续发展。这种以大概念定位的探究从第一学段走向第四学段，乃至更高阶段，就会让学生对大概念的理解随着认知能力和经验的增长而逐级加深。学生逐级理解了大概念，不仅能解决新情境中的新问题，而且通过大概念的迁移应用，还能解释与他们生活和社会实践密切相关的问题。这样一来，学生不但减轻了学业负担，不必再面面俱到地学习大量的浅表知识，而且提升了分析问题、解决问题的能力。

这正是将大概念植入学科课程教学的价值所在。

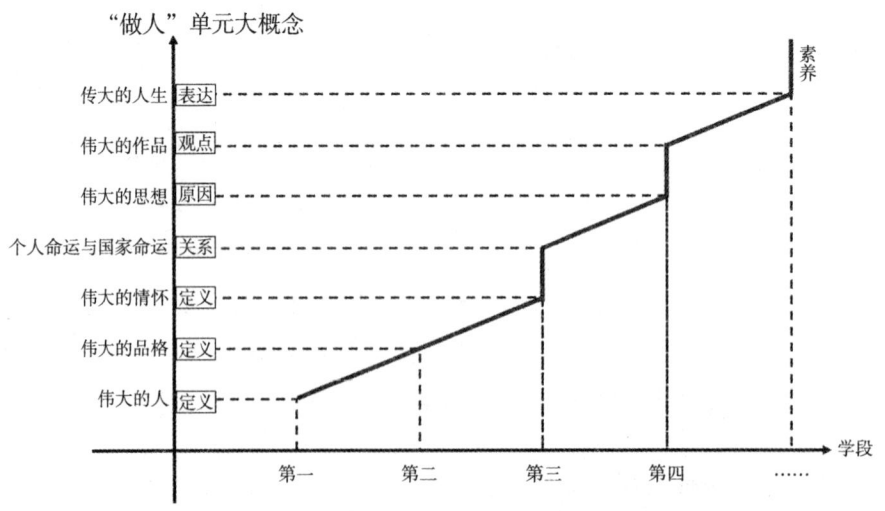

图 5-2　学生的素养在大概念驱动下可以成正斜波发展

这幅图告诉我们，以学段目标为标准，在同类单元大概念进阶的过程中，学生的素养呈正斜波发展。

第五节　如何确立单元大概念

确立单元大概念需要心中有"罗盘"。以什么为"罗盘"，考验着教师的专业技术程度。下面我们以"初级阶段—中级阶段—高级阶段"三个过程来解读单元大概念确定的三个技术策略。

一、初级阶段

着眼单元教材，以单元编排目的为罗盘，确定单元大概念。

例如，统编教材小学语文四年级上册第一单元主题为"自然之美"，编排了《观潮》《走月亮》《现代诗二首》《繁星》四篇课文，以及口语交际、习作、语文园地等，这些编排都围绕主题"自然之美"，从多个侧面展示人对自然美的感受和表达。

本单元人文主题为：江流天地外，山色有无中。

语文要素是：1. 边读边想象画面，感受自然之美；2. 推荐一个好地方，写清楚推荐理由。

先研究四篇课文的共同点：走进《观潮》，作者描写了钱塘江大潮的壮观景象，表达了人被自然震撼的通感；走进《走月亮》，作者写儿时与阿妈在秋夜月光下散步的所见所想，表达了人与自然的共融共情；走进《现代诗二首》——《秋晚的江上》《花牛歌》都是以诗意的语言表达动物与其他自然物的共融共情；走进《繁星》表达了在不同情境中人与繁星的共融共情。

再看口语交际话题：我们与环境；习作题目：推荐一个好地方。二者都强调表达。于是"表达"成为本单元大概念确定的第一选择。至于围绕这个"表达"怎样进入大单元教学，我们在后面的文章中继续解读。

二、中级阶段

进入中级阶段，相当于你已经入门了，该升级了。这时候确立单元大概念可以用什么做"罗盘"呢？应该是学段发展目标，以学生的素养进步阶梯确定大概念。这就要关照到此前所学过的同类单元。

例如，我们还以统编教材小学语文四年级上册第一单元"自然之美"为例。研究教材不能只看本单元，要向前看，比如三年级是否学过同类单元，在那些单元里都接触了什么，学会了什么？

我们会发现，三年级上册第五单元编排了"观察事物"主题，语文要素是：留心观察周围事物，把观察所得写下来；三年级上册第七单元编排了"发现自然"主题，语文要素是：感受课文生动的语言，把自己的想法记录下来。

这两个单元的编排已经引导学生经历了观察自然、发现自然、描写自然的过程。这两个单元都在积累"表达自然"的经验，观察自然，发现自然之美，用生动的语言描写自然景物。

四年级上册第一单元再一次接触"自然之美"时，就要上升探究梯度。如上文"初级阶段"所述，经过解读教材，很自然地就确定"表达"为单元大概念。这没什么错，但这不是最佳定位，问问心中的"罗盘"——学段发展目标。从三年级到四年级，学生的语文素养目标应该有怎样的进阶呢？三年级要建构自然段的表达方式，四年级要建构意义段的表达方式。所谓意义段就是围绕一个中心思想从多个方面写出的多个自然段组合。这就需要引导学生去思考一个事物与其他因素的关系，思维的触角需要向深度延伸，才可能建构意义段。

四年级上册第一单元编排的课文有一个共同特点：描写自然，不单是写景物的特点，而且能够表达人与自然景物的共融与共情，这样才能够把自然之美表达出来。这里就要探究一个问题：自然之美是自然赋予的，还是人赋予的？这都是渗透在自然之美表达中的秘密。自然之美如果没有人对它的热爱和赞美，并把这种热爱和赞美以共融共情的方式表达出来，它就只有特点，没有美。

这样从文学和文化的层面去关照、思考，我们就可以确定本单元大概念为"关系"，带领学生探究人的审美表达应该与自然美的表现之间建立一种什么样的关系，才可能写出好文章。如此，三年级观察自然、发现自然、描写自然的积淀和体验，就可以在"关系"这个大概念驱动下，经历"问—思—辨"而发酵。学生的语文素养在学段的积累中有显著的提升。

回头再看，这样定位大概念，就与本单元的人文主题"江流天地外，山色有无中"对接上了，也与习作及第二个语文要素"推荐一个好地方，写清楚推荐理由"对接上了。

这样的大概念定位，对教师来说，就是专业技术水平的一次升级。

高级阶段

进入高级阶段，需着眼全套教材编排体系来确定每个单元大概念的"罗盘"。

例如，此阶段我们仍以"自然之美"单元主题类型为例来谈。"大自然"是文学作品创作的一个生命元素。语文教学每一学段都有写景单元，这里我们列举四、五、六三个年级教材中与"自然之美"同类的单元矩阵，探究教材的编写思路，以及大概念的确立依据。

表 5-18　高级阶段大概念确定示例

学段	单元	人文主题	语文要素	大概念
四上	1	江流天地外，山色有无中。	1. 边读边想象画面，感受自然之美。 2. 推荐一个好地方，写清楚推荐理由。	关系
四下	5	妙笔写美景，巧手著奇观。	1. 了解课文按一定顺序写景物的方法。 2. 学习按游览的顺序写景物。	原因
五上	1	一花一鸟总关情。	1. 初步了解课文借助具体事物抒发感情的方法。 2. 写一种事物，表达自己的感情。	表达
五上	7	四时景物皆成趣。	1. 初步体会课文中的静态描写和动态描写。 2. 学习描写景物的变化。	变化
五下	7	足下万里，移步换景，寰宇纷呈万花筒。	1. 体会静态描写和动态描写的表达效果。 2. 搜集资料，介绍一个地方。	联结

（续表）

学段	单元	人文主题	语文要素	大概念
六上	1	背起行装出发吧，去触摸山川湖海的心跳。	1. 阅读时能从所读的内容想开去。 2. 习作时发挥想象，把重点部分写得详细一些。	表达
六上	6	我们是大地的一部分，大地也是我们的一部分。	1. 抓住关键句，把握文章的主要观点。 2. 学写倡议书。	观点

这是一系列以"自然之美"为主题编排的单元矩阵。从人文主题序列来看，诗意的语言都在传达一个文学的意境：人、景、情合一，从"景之美"，到"景之情"，到"景之趣"，到"景之变"，到"景之灵"，到"景之本"。从文化维度，把自然与人的关系一步步推向深远。

从语文要素序列来看，从"感受自然之美"，到"按一定顺序写景"，到"借助景物抒情"，到"描写景物变化"，到"体会表达效果"，到"景中发挥想象"，到"把握写景观点"，指导教学从文学维度一步步由浅入深，把写景的方法、原理弄清楚，这就是教材编排的内在逻辑。

根据这条双线组合的教材编排体系，我们就可以有理有据、系统地确定每一个单元的大概念。对照上表，这一系列单元大概念分别为：景与美的"关系"、写景顺序的"原因"、景与情的"表达"、景的"变化"、景与城的"联结"、景与象的"表达"、景与道的"观点"。

理清教材编排体系，解读教材同类单元内在的渐进关系，是理解教材编写逻辑，也是激活国家课程教材资源的基础。在这个基础上确定大概念，更符合语文素养发展的持续性、系统性。

以上仅仅是举例，通往罗马的路不只一条，通往学生素养发展的大概念也不止一个。苏霍姆林斯基曾说："没有教师个性参与的教学是没有意义的。"新课改有一个极好的观点：教材是凭借，教师要"用教材教"，而非"教教材"。大概念驱动问思辨就是"用教材教"的实践策略，是让教学行走在人的发展轨道而非知识积累过程的变革。这是20多年来中国基础教育改革一直追求的目标——实现"以知识为中心"向"以学生为中心"的变革。新课改还有一个极好的观点：教师是最大的教育资源。所谓"大概念"

驱动"问思辨",就在于激活教师在学生与教材中存在的价值,唤醒学生自主合作探究的学习本能,回归教学相长的教育之道。

所以,教师创造性解读教材,使用教材,转化资源,然后以最有趣、最灵活、最能够挖掘潜能的大概念定位大单元,启动单元教学,是为最高境界。

综上所述,大概念的确定入门并不难,难的是为全套语文教材建构主题分类的系统的单元大概念。这个建构过程虽然复杂,却可以成就教师科研素养,成就教师专业技术能力。

大概念确定有策略可循,但归根结底是要借由大概念将课程标准所倡导的开放灵活的课程设计理念表现出来,让教师成为一个高级的课程设计师,调集一切有用资源,深入单元挖一个思维、心灵与精神的富矿。

第六节 大概念之"大"如何验证

大概念确定之后,随即要提出一个核心问题,这个核心问题是大概念的"具体实施者"。同一概念在不同的单元中可以提出不同的核心问题,这代表着大概念在不同的主题单元中有不同的使命和任务。如何检验大概念之"大",要看这个核心问题提出的水平。

我们先看,中外教育理论专家是怎样定义大概念的。

美国课程专家马克·威森(Mark R. Wilson)指出,大概念居于学科知识领域的中心,具有普适的、持久的解释力。它们是学科中各种概念、原理、规律建立内在联系的根源。

梅查尔斯(Michael S.)认为,大概念是学生忘记了具体的学科内容后,仍然能够继续探索新知识。他强调,大概念可以揭示知识之间的联系,并会随着年级的增长被学生以更复杂的方式深入理解。

中国课程理论专家余文森很形象地描述大概念:大概念是学科知识体系的细胞核,它内含遗传密码,最具生发力、再生力和预示力,是活力和繁殖力最强的一种知识类型。

下面,我们举例来验证。

例1 统编教材小学语文四年级上册第三单元

本单元人文主题为"处处留心皆学问",编排有《古诗三首》《爬山虎的脚》《蟋蟀的住宅》,以及口语交际、习作、语文园地等内容。本单元语文要素是:1. 体会文章准确生动的表达,感受作者连续细致的观察。2. 进行连续观察,学写观察日记。

依据以上信息,教师有可能确定四种大概念,并依据每个大概念提出相应的核心问题。

表5-19 大概念之"大"的验证示例

序号	大概念	核心问题	探究层次	思维建模维度
1	形式	作家是如何观察事物的?	观察的方法。	
2	形式	作家是如何表达事物的?	表达的方法。	只是知识问答,不成思维逻辑。
3	表达	作家是如何通过观察而表达事物的?	1. 作家是如何观察事物的? 2. 作家是如何生动表达事物的? 3. 作家的观察对作家的表达起到什么作用?	因为作家长期细致地观察事物,发现了事物生长或生活的细节,所以能够把事物写得准确生动。
4	原因	自然无声,是什么让它生动起来?	1. 作家是如何观察事物的? 2. 作家是如何生动表达的? 3. 作家的观察对作家的表达起到什么作用? 4. 自然无声,是什么让它生动起来?	1. 植物无声地生长,是作者通过长期细致的观察写出了它的动态,让它生动起来。 2. 昆虫无声,是作者通过长期细致的观察才写出了它丰富的生活,让它生动起来。 3. 山水无声,是诗人多角度观察,多维度思考,才让它生动起来,而且有了意义。

对比验证,结论如下:

第1、2层次不成大概念。虽然确定了"形式"作为大概念,但实质上,核心问题不能具体表现大概念,因为探究这个问题只需一层阅读思考即可达标，而且只是单线问答，不成思维逻辑。也就是说，解决这个核心问题不能得到一个思维模型，不具有生发力、再生力和预示力，也不具有普适的、持久的解释力，不符合大概念的定义和价值。

进阶到第 3、4 层次，才谈得上是大概念，但有程度区别。第 3 层次确定大概念"表达"，核心问题可以具体表现大概念，有三层问题围绕着它，最后可以得出一个思维模型。这个思维模型具有生发力、再生力和预示力，也具有普适的、持久的解释力，符合大概念的定义和价值。第 4 层次确定大概念"原因"，核心问题具有很强的大概念表现能力，有四层问题围绕着它，最后得出了一个多维度思维模型，称多维建模。这个多维建模具有很强的生发力和预示力，具有普适的、持久的解释力。可以支持学生忘记了具体的学科内容后仍然能够继续新探索，解决新情境中的新问题，如此，因极高的价值符合大概念的定义和内涵。

根据上面的验证，我们不仅得出了哪些是大概念，而且知道了即便同属大概念，也有价值大小的区分。

下面，我们再来一组验证。

例 2　统编教材小学语文六年级上册第七单元

本单元主题为"艺术之美"，编排有《文言文二则》《月光曲》《京剧趣谈》，以及口语交际"聊聊书法"、习作"我的拿手好戏"及语文园地等内容。本单元语文元素是：1. 借助语言文字展开想象，体会艺术之美。2. 写自己的拿手好戏，把重点部分写具体。

这个单元的几个名篇在统编教材中的编排目的与过去完全不同，如《伯牙鼓琴》《月光曲》过去编排在"知音"单元，《书戴嵩画牛》过去编排在二年级的白话文小故事，现在《伯牙鼓琴》《书戴嵩画牛》却以文言文形式编排在本单元课文中；《京剧趣谈》作为京剧艺术欣赏作品，第一次被编入六年级教材；口语交际"聊聊书法"显然也是艺术欣赏作品。这个单元的编排很明显地契合了《义务教育语文课程标准（2011 年版）》的理念，彰显对学生思维发展、审美品位、艺术鉴赏能力的培养。

表 5-20 大概念定义和价值验证示例

序号	大概念	核心问题	探究层次	思维建模
1	定义	什么是艺术之美？	1. 本篇课文描写了什么艺术？这种艺术美表现在哪些方面？ 2. 作者描写艺术之美的方法是否也是一种艺术？	1. 用不同的表达方式把美好的事物表现出来，是艺术之美； 2. 用语言文字把不同的艺术之美表达出来，是文学艺术。
2	表达	艺术之美怎样欣赏？	1. 本篇课文描写了什么艺术作品？ 2. 作者是怎样表达艺术作品之美妙的？ 3. 你怎样欣赏这篇文学作品？	1. 艺术之美可以用语言描述思维想象来表达欣赏； 2. 艺术之美可以通过侧面描写艺术作品带给人的反应来表达欣赏； 3. 文学艺术之美可以用语言的方式来表达欣赏。
3	关系	文学艺术如何表达其他艺术？	1. 本篇课文描写了什么艺术作品？ 2. 作者用怎样的文学方式表达了另一种艺术之美？ 3. 文学艺术可以表达所有的艺术吗？为什么？	1. 文学艺术可以用语言描述思维想象的方式来表达其他艺术之美； 2. 文学艺术可以通过侧面描写艺术作品带给人的反应来表达其他艺术之美； 3. 文学艺术可以通过叙事、对话的方式表达对艺术作品的鉴赏； 4. 文学艺术可以用分析、评论的方式表达对艺术作品的鉴赏。
4	观点	艺术与艺术之间存在怎样的关系？	1. 本篇课文描写了什么艺术作品？ 2. 作者用怎样的文学方式表达了另一种艺术之美？ 3. 文学艺术可以表达所有的艺术吗？为什么？ 4. 文学艺术与其他艺术的相通点在哪里？ 5. 艺术与艺术之间可以互相表达吗？	1. 艺术与艺术之间通过语言鉴赏建立欣赏关系； 2. 艺术与艺术之间通过人的感官享受建立美的传递关系； 3. 艺术与艺术之间通过人的思维想象建立通感关系； 4. 艺术与艺术之间通过不同的表达方式建立对事物的理解关系。

如上表所示，这个单元我们预设了 4 个大概念，提出了 4 个核心问题，剥离探究层次，归纳、提炼思维模型，都可以成就大概念的定义和价值。

总之，验证大概念之"大"的原则是：符合大概念定义所描述的教学价值。

不过，这样总结过于拘谨，难成圆满。通过上面两个单元的举例预设，我们可以清楚地看到，不同的大概念定位，可以提出不同的核心问题，围绕一个核心问题又可以分解多个层次的探究问题，最终回到核心问题，实现多维度思维建模，每一种大概念预设推理，都可以达成学生的素养发展目标。

由此可见，大概念之"大"，反过来验证了一点，它可以适合不同专业程度的教师选择，适合不同层次学生群体的发展需要。从这一方面来说，大概念之"大"不仅具有生发力、预示力，以及普适而持久的解释力，还具有很强的包容力和适应力，非如此不能称其为大概念。

第七节　大概念是大单元教学中天然的存在

大概念在大单元教学中是天然的存在，你提及它时它存在，你不提及它时它也存在，这是规律，是本源。没错，大概念就是大单元背后隐藏的规律、本源。下面举例说明。

景物描写一组

提问：自然无声，是什么让它生动起来？

这一问指向本源，大自然中的一草一木，没有谁会觉得自己很美丽，很有趣。风吹过，枝叶茂盛的大树会摇摆，枝叶稀疏的小树也会摇摆。风一停，树也停，不会有大树觉得自己美丽再多摇摆几次。它们的美丽、快乐是人赋予的。也就是说，大自然的美丽、生动、有趣都是人对它的反应，是人赋予了它美的含义，赋予了它文化的寓意，并从中汲取精神营养，因此就有借物抒情、借物喻人、借物喻理、托物言志、物我合一、天人合一之说。其奥妙在于，这些说法虽然大家都觉得是人赋予的含义，但是都会令人心灵得到慰藉，精神得到启迪，因而生命得到滋养和舒展，这是为什么呢？因为其中有大概念——表达，大概念是趋向于道的。

童年生活一组

提问：童年最珍贵的东西是什么？

这一问指向规律，直抵人的心灵世界。

童年在一定程度上影响人的一生。从古到今，教育从童年开始，父辈师长对孩子的童年应该给予什么定义各有不同，对待也各有不同。

通过一组关于童年生活的诗词散文来探究、感悟童年最珍贵的东西是什么，背后就有一个大概念——观点。通过一首描写儿童生活的古诗可以得出一个观点，童年最珍贵的东西是什么，通过一篇回忆童年经历的散文也可以得出一个观点，童年最珍贵的东西是什么。一个大单元结束后，得出几个观点，归纳、总结、提炼，得出直抵心灵的认知和感动。正值童年的孩子在那一刻就成长了，他知道童年应该珍惜的是什么，应该追求的是什么。

我们不能等到自己年老了才知道童年最珍贵的东西是什么，然后去惋惜、追悔，我们需要在当下明白，然后不犯错误，以支持孩子好好过一生。

古典名著阅读一组

提问：作家为什么要塑造这样一个人物？

一本书成为名著一定是为一个国家、一个民族或者全人类代言了，揭示了一些真理性的东西，否则不会吸引一代又一代的人去阅读。小说名著代言的表现就是有经典的故事、经典的人物形象经久流传。

比如桃园三结义、武松打虎、孙悟空三打白骨精等，比如诸葛亮、唐僧、张飞、关羽等，这些故事、人物成为一个民族文化的组成部分，一代代传递着英雄的信念、智慧的信念、正义的信念。所以大单元教学引导学生探究"作家为什么要塑造这个人物"直指大概念，直抵名著的创作价值，是让孩子知道，名著之所以成为名著的原因，名著之所以成为名著的创作原理。

说明文一组

提问：一篇说明文选择恰当的说明方法是由什么决定的？

这个问题指向多元的说明文范例。有字典、词典、辞海、百度百科说明文，有日常生活工具说明书，有专门为解说大千世界的一个事物撰写的说明文……说明对象不同，选用方法不同；说明目的不同，选用方法不同；阅读对象不同，选用方法不同。各种不同的理由要求说明文选择说明方法要恰当。目前经常用的说明方法有：列数字、举例子、打比方、做类比、形象素描、造型比喻、动作拟人等。

选择恰当的说明方法除由说明对象、说明目的、阅读对象、文本功能、文本篇幅等因素决定外，还由每一种说明方法的功能决定。列数字的说明方法科学、有量感，一般说明文都会用，但《蟋蟀的住宅》可以不用，《什么比猎豹的速度更快》用得就很恰当。

对于人们不常见、不熟悉的事物就要用打比方、做类比的说明方法，如《鲸》仅用列数字的说明方法是不够的，它的嘴有多大，一条舌头有多大，用打比方、做类比，就很恰当。

形象素描、造型比喻、动作拟人等说明方法一般说明文不用，但《大熊猫》《松鼠》之类的文艺性说明文，就要用这三种说明方法来突出小动物可爱的特征。

一篇说明文选择恰当的说明方法，每一个理由都有一个逻辑、一个思维推理来支持。有底层逻辑，是根据人的需要；有程序逻辑，符合事物特征、功能。

世界有无数的美妙答案在等待一个好问题。

总之，探究一个问题，就要探究这个问题背后是否有一个大概念，这就好比走对了路，可以直接到达美妙的目的地，否则就等于迷了路，探究未果。

第八节　如何处理超学科概念和学科概念的关系

缺少广义概念的学科教学是贫穷的，缺少学科概念的学科教学是贫乏的。这句话揭示了学科教学中教学意义升维与保底的辩证关系。

从 20 世纪末到 21 世纪初的 20 多年时间里，微博、微信、微课、微视频等信息技术媒介走进人们的生活、工作中。随着互联网技术的发展，人们的意识仿佛在随着长大，近 10 年来，大格局、大平台、大概念、大单元、大任务、大情境等概念呼啸而来，仿佛不打开一些边界，人类就无法前行一样。

曾经在工业化时代很清晰、牢固的学科边界首当其冲，随之而来的还有人的认知边界。10 年前的理论和见解，今天的人们已经不敢随意讲出口，随时都有可能被现实击破。教育改革的局面尤其如此。

大概念以超学科的面目引领学科教学走出狭窄的书本教材，走向可以和广阔世界、真实生活相联结的实践检验、迁移应用境界。

挑战教师的问题是：如何处理好超学科概念和学科概念之间的关系，才能让学科教学既能完成本学科知识系统建构，又能够实现时代所需要的核心素养发展呢？

下面以小学语文学科教学设计为例，来阐述这两者的关系。

超学科概念被称为大概念，是因为它具备以下功能和价值：具有很强的生发力和预示力；具有普适的、持久的解释力，可以支持学生忘记了具体的学科内容后仍然能够继续新探索，解决新情境中的新问题。也就是说，超学科大概念可以为学生建立思维方法模型，支持学生形成核心素养。所以，语文大单元统整教学中采用超学科大概念来定位学科教学的高度，以指向学生素养发展的高阶目标。

学科概念在传统意义上就是关于学科知识的概念，如：形声字、多音字、关联词语、修辞手法……这是狭义概念、小概念。从狭义上讲，学科知识包括学科事实、学科术语、学科符号、学科命题、学科原理等。这属于学科的表层结构。从广义上讲，学科概念还包括学科方法、学科思想、学科观念、学科精神等隐性内容作为深层结构。这些才是学科本质，是核心，是学科核心素养落实最重要的源泉和基础。因此，我们也可以把狭义学科概念称为学科小概念，广义学科概念称为学科大概念。

我们凭借形声字、多音字、关联词语等学科小概念没有办法让学生爱上汉语言，爱上语文学科，但是我们通过学科方法、学科思想、学科精神等学科大概念可以让学生爱上汉语言、爱上语文学科。因为这些能够给到人心灵成长、精神发育的东西，与学科本质相互契合。

多年来，语文教学卡在狭义概念的藩篱中，走不出现实困境，其根本原因是关注知识、关注技能、关注情感，而缺失了思维。

思维发展在学科概念中处于弱势，怎么办呢？凭借超学科概念，建构问思辨探究过程，让语文学科走在思维发展的主线上，这是正确处理超学科概念与学科概念相辅相成关系的良策。

例如，统编教材小学语文五年级上册第二单元是阅读策略单元。本单元编排了《搭石》《将相和》《什么比猎豹的速度更快》《冀中的地道战》四篇精读课文以及习作、语文园地等教学内容。

本单元的人文主题为"阅读要有一定的速度"。

本单元的语文要素有两个：1. 学习提高阅读速度的方法。2. 结合具体事例写出人物的特点。

分析本单元内容，四篇课文内容完全不相关，这就是让你不要关注内容，要关注阅读策略，关注针对不同的阅读内容该如何选择阅读策略，而这，一定要从大概念探究着眼。

再看两个语文要素，一个指向阅读策略，一个指向习作要点。阅读策略需以超学科概念来确定，习作要点需以学科概念来确定。

首先我们看单元超学科大概念该怎样确定。

表5-21 超学科大概念确定的示例

	整合思路	探究矩阵
1	确定概念	联结。
2	提出问题	人的阅读速度受哪些因素的影响？
3	提炼方法	根据文章内容、题材、体裁的不同，阅读目的的不同，学习如何快速阅读、提取信息的方法。
4	探究路径	以《将相和》为模型，建立阅读的速度、方法和目的之间的联系，迁移至后三篇课文以及其他阅读材料的学习。
5	形成能力	针对阅读文本的特点，选择合适的阅读速度和恰当的阅读方法，提高自己的阅读效率。
6	达成素养	明白阅读从目的出发，根据文本特点，以不同方式提取信息，达到有效率、有质量，以适应时代所需要的大阅读精提取。
7	建立模型	通过不同文体、不同内容的阅读材料，探究以最快速度实现阅读目的、提高阅读效率的方法。
8	设计评价	根据"联结"模型，以阅读、口语、写作迁移学习评价，反向巩固"联结"逻辑运用。

这是单元统整思路，确定"联结"为超学科大概念，提出核心探究问题：人的阅读速度受哪些因素影响？可以选择《搭石》做建模课来探究这个核心问题，也可以选择《将相和》做建模课来探究这个核心问题。相比之下，《将相和》的学习对于这个核心问题最具挑战性。

本单元的人文主题是"阅读要有一定的速度"。这句话通常会给读者造成误解，认为阅读要追求速度。但《将相和》这样历史题材的记叙文，文章内容比较复杂，人物关系也不简单，需联系历史背景方能理解，读者如何快得了？阅读的速度究竟指什么？阅读的速度究竟由哪些因素决定？

通过《将相和》一课的阅读实践和探究，我们建立了一个模型：阅读的速度受题材、体裁、内容、阅读目的（包括知识、能力、素养目标）等因素的影响。这是学科内层概念的联结，也就是学科大概念与超学科概念的联结，从文章外层还有一系列的联结，即：将、相、国之间存在着怎样的联系。所以，这一课核心问题的探究是大概念与小概念交织而成的过程。大概念的探究过程步步以小概念的认知为条件而推理验证，很典型地表现了二者相辅相成的关系。我们来看《将相和》第一课时的教学设计。

表5-22 大概念探究教学设计示例

问	质疑	学生自主质疑，教师梳理问题，并归纳提炼主要问题。	
	归疑	"完璧归赵""渑池之会""负荆请罪"等故事之间有着怎样的内在联系？	情节关联
思	运用信息	1. 默读课文，记下所用的时间，交流自己的阅读方法。 2. 归纳快速阅读的方法。遇到不懂的词语，在不影响理解课文内容的情况下，可以跳过，继续往下读，如：渑池、上卿等。 3. 集中注意力，尽量连词成句地读，不要一个字一个字地读，更不要回读。 4. 明确将、相之间发生了怎样的故事，提炼三个故事的主要内容，归纳小标题。	阅读方法
	进行推断	1. 小组合作、讨论：三个故事有怎样的联系？ 蔺相如有"完璧归赵"之功，才会有"渑池之会"的随行，因此，前是因，后是果。而蔺相如"完璧归赵""渑池之会"的两次奇功，却是廉颇与蔺相如关系失和的原因，因此，"负荆请罪"是果，前两件事均是因。 2. 小组交流，互相补充讲述这个故事的前因后果。 3. 廉颇和蔺相如给你留下了怎样的印象？（一边读一边想，勾画出描写蔺相如、廉颇言行的关键词句，及时捕捉有用信息）。 4. 讨论：这篇文章采用怎样的阅读速度比较合适？	起因 经过 结果 阅读目的
	形成观点	蔺相如和廉颇因为功劳和职位产生了矛盾，最后他们为了国家利益，主动言和。	人物品格
辨		这样的文章为什么不能读得过快？怎么理解"有一定的速度"？	阅读策略
行		深度阅读课文，继续探究二人对赵国的贡献。	

在第一课时中，超学科大概念"联结"从学科概念"故事联结"起步，探究过程中把"阅读速度受哪些因素影响"隐藏在背后，以学科小概念的一一落实逐渐走到学科大概念"阅读策略"，以此接应超学科大概念，走向下一课时的深度探究，直指核心素养目标：弄清阅读速度与多种决定因素之间的关系，建立有效的阅读策略。

如此，我们基本明白了超学科概念在大单元问思辨统整教学中的地位和作用。

接下来还要弄明白另外一个问题：当我们建立了大概念驱动问思辨大单元统整教学模型后，教师往往会忽略了对学科小概念的关注，殊不知，如果没有学科概念的确定与超学科大概念在每一个环节中的密切接应，学科教学就会走空、走虚，之所谓缺少学科概念的学科教学就是贫乏的。

我们看《什么比猎豹的速度更快》教学中学科概念的重要性。这是一篇说明文，放在阅读策略单元，我们如果只关注超学科概念"联结"去探究核心问题：阅读的速度受什么因素影响，而忽略了对学科小概念的关注，这篇说明文所承担的语文学科教学目标就会落空。

表 5-23　学科概念探究教学设计示例

第一课时			
探究进阶		探究路径	学科概念
学	预习	课前完成基础预习，扫清文字障碍，梳理课文内容。	
学	导课	让学生观看银川到西安高铁开通的新闻报道，让学生知道现在银川到西安需要的时间是3小时，而曾经是9小时，引出"速度"的概念。速度是这个时代所追求的，但是不是所有的事情都要追求快速呢？以此埋下伏笔。	阅读速度
学	预检	1. 熟悉多音字"冠"的读音，理解"游隼"和"浩瀚"的意思。 2. 读准"俯冲""游隼"等词语。 3. 正确规范美观书写："喷""置""冠"。	拟声词 多音字 新鲜词语
问	质疑	学生自主质疑，教师梳理问题，并归纳提炼主要问题。	
问	归疑	阅读的速度受什么因素影响？	

(续表)

思	运用信息	1. 默读课文，记下阅读的时间。 2. 一边读一边想，抓住关键词句：找出文中所讲的事物并明确它们的速度，用横线画出来并进行比较。 3. 遇到不懂的词语，在不影响理解课文内容的情况下，跳过不理解的词，继续读课文，不要反复回读。意识到在文章中，跳过个别较难的词语也不影响对整个文本的理解，还会提高我们的阅读效率。	阅读速度
	进行推断	1. 运用快速阅读的方法，快速读文，按速度快慢给事物进行排序。 2. 讨论交流：梳理文中运用的说明方法（列数字、做比较），并思考这些说明方法的作用。 3. 提供阅读材料，阅读后根据材料运用列数字与做比较的说明方法练习写一个片段。	阅读策略
	形成观点	阅读的速度受阅读方法、阅读策略影响。	阅读目的
问		作者为什么不直接告诉我们谁的速度最快？	
思	运用信息	运用快速阅读的方法，默读课文，抓住关键词，发现每个自然段在表达上的相同点：都在讲一种事物的速度要比另一种事物的速度快。 　　对文中所列举的所有事物进行归纳整理，了解这些事物的特点，找出相关事物之间的共同点，抓住段落之间的规律，进行快速阅读。	文章写法
	进行推断	小组合作完成表格： | 段落	对比的事物	
---	---	---
2	人（24千米/时）	鸵鸟（72千米/时）
3	鸵鸟（72千米/时）	猎豹（110千米/时）
4	飞速行驶的汽车	游隼（320千米/时）
5	声速（1050千米/时）	高速喷气飞机的速度是喷气飞机的数倍
6	喷气飞机	火箭（40000千米/时）
7	火箭（4万千米/时）	流星体（25万千米/时）
8	流星体（25万千米/时）	光速（30万千米/秒）		说明方法列数字做比较

(续表)

思	形成观点	有了大量真实的例子、精确的数字说明,通过事物之间的简单对比,将"什么比猎豹的速度更快"具体、生动地展现出来了。	说明方法
思	问	阅读的速度究竟受哪些因素影响?	
思	运用信息	回顾已学过的课文,总结提升阅读速度的方法: 1. 集中注意力,尽量连词成句地读,不要一个字一个字地读,更不要回读。 2. 遇到不懂的词语,在不影响理解课文内容的情况下,可以跳过,继续往下读。 3. 能一边读一边想,抓住关键词句,及时捕捉有用的信息。	阅读方法
思	进行推断	讨论:哪些因素会影响阅读速度?	
思	形成观点	阅读速度受以下因素的影响: 1. 文本内容的难易度; 2. 生字、新词的多少; 3. 阅读目的、任务的难易度; 4. 作者使用的写作方法和语言技巧; 5. 阅读方法的运用。	阅读策略
不辨	辨析	阅读速度是快一点儿好还是慢一点儿好?	
不辨	验证	正方:快一点儿好。节约时间,相同的时间可以读更多的书目,阅读更有广度。 反方:慢一点儿好。欲速则不达,边读边思考,品词析句,阅读更有深度。	阅读效率
	行	阅读《"水滴"船》,说一说这篇文章你的阅读速度是快还是慢,是什么因素决定了你的阅读速度。	阅读策略

　　这是本单元最简单的一篇课文,如果我们忽略了学科概念,就会教得很简单:围绕课题提取信息,快速完成阅读,验证一个观点,文章内容难易决定阅读速度。如果仅仅这样做,就浪费了这篇课文,因为这篇说明文写法很特别,语言也很有魅力,段与段之间的起承转合,巧妙地形成了物与物之间速度的对比,十分抓人,让读者想要一口气读完,去追寻答案。

所以，只有在学科概念间停顿玩味，才不会让酣畅淋漓的文字匆匆划过。上述设计中正是因为有了学科概念的清晰确定，才让知识目标、能力目标和素养目标协同落地。

综上所述，在大概念驱动问思辨大单元统整教学过程中，超学科大概念的探究和建模，既需要广义的学科概念与之相联系，也需要狭义的学科概念与之相对接，才能以落实学科教学目标为基础，开放式发展学生的核心素养，以此超越"就学科教学科"的局限，实现大语文教学的大格局。

第九节 问思辨教学的三种境界

谈起问思辨，人往往会局限地理解为"提出问题—思考问题—辩论观点"这样三个连续相接的环节。其实，万物启蒙课程架构中的完整的问思辨概念包括"学—问—思—辨—行"五个过程。

万物启蒙课程创始人钱锋老师曾说："问思辨是以审辨教学培育儿童核心思维能力的课堂运行三阶。"既然是课堂运行三阶，那就必须要连着课前的"学"和课后的"行"。

所以，万物启蒙课程中完整的问思辨循环路径应该是这样的：

学：导入知识，整合梳理；

问：审问质疑，引入核心；

思：慎思求证，反思归纳；

辨：明辨是非，激荡观点；

行：付诸行动，知行合一。

明确了问思辨完整的循环路径，我们再来思辨它立体化建构的多个"三阶"，看里面蕴含着怎样的文化境界。

一、"物—器—道"通识教育的启蒙境界

"物—器—道"是万物启蒙课程的三个阶段，是以人认知世界的规律设计为依据的三重问思辨架构。我们之所以把它称为境界，是因为它是万物自我成就和互相成就的三个自然阶段。

第一境界　对物质世界的思辨

走进物象课程，就是对"物"的科学属性进行问思辨，思辨一个物存在的定义、形式和变化；走进学科课程，就是对知识、内容的问思辨，思辨一个知识发现、形成和演变的来龙去脉，如：语文课程就是对语言文字知识以及语言文字所表达的意思进行问思辨。这一重思辨是形而下的，物象也好，知识也好，都是可见、可确定、有标准答案的，目前有定论、有研究结果的。这是第一重问思辨境界，在物理的层面，称为"物"。

第二境界　对"物"的功能性思辨

走进物象课程，就是对一个物的使用功能以及由功能衍生出的原因、联结进行问思辨，思辨物的物理属性被人认识以后，再去研究怎样利用它，基于什么原理使用它，以及使用它带来的利益价值；走进学科课程，就是对知识运用方法、解决问题的技能进行问思辨，如语文课程就是对语言文字理解和运用的方法、对文学表达的技巧方法进行问思辨。这一思辨也有明确的结论，但没有对错，只有好与不好的程度。因为每一位作家、作者理解和使用语言文字的功底与文学表达方法的选择是代表个性的。因此这一思辨是中立的。

第三境界　对人的性情、心灵、精神品格的思辨

走进物象课程，就是在人与物互相磨合、互相创造、互相成就的过程中形成的观点、关系、表达方式进行问思辨，这就上升到了"道"。它既是在研究物，也是在研究人，研究人与物的合一；走进学科课程，就是对发现、使用、创造知识过程中人的智慧、精神等进行高阶的问思辨，如语文学科中对人的情怀、品格、心灵等生命本性的东西进行问思辨。

这一思辨是形而上的，是开放的，有价值取向却没有标准答案，也没有绝对定论。它代表着人类文化的高级追求。

这三重境界是步步进阶的，是引领人走向终极探究的大概念问思辨，是可以支持学生随着认知能力和经验的增长而逐级加深的。

二、"一问而三思，三思而后行"的探究境界

以万物启蒙课程原理设计的课程教学过程都有一问而三思、三思而后

行这样一个极富中国古典哲学韵味的环节。

我们以一个语文大单元教学过程为例来说明。

以统编教材小学语文五年级下册第二单元教学课例为例。这是钱锋、孟凡亮、杨冬梅三位老师在 2020 年冬季设计并在银川市兴庆区回民第二小学现场实践的一个大单元教学，问思辨的运行让课堂视野开阔宏大，效果出人预料。

这个单元以"古典名著"为主题，编排了《草船借箭》《景阳冈》《猴王出世》《红楼春趣》四篇课文以及口语交际、习作等内容。

本单元的人文主题为"观三国烽烟，识梁山好汉，叹取经艰难，惜红楼梦断"。

本单元的语文要素是"初步学习阅读古典名著的方法，学习写读后感"。

本单元的大概念确定为"原因"，核心问题为"作者为什么要塑造这样的（诸葛亮、武松、孙悟空、贾宝玉）人物形象"。

这个问题提得很高阶，有多层问题围绕着它：

1. 古典小说最有趣的探究线索是什么？
2. 名著塑造了怎样的典型人物？
3. 历史上真实的诸葛亮是怎样的？
4. 作者为什么要塑造这样一个人物形象？
5. 我们今天还喜欢这个人物，这是为什么？

怎样完成这层层递进的问思辨呢？

一问三思，以《草船借箭》（《三国演义》节选）为例。

核心问题：罗贯中为什么要塑造诸葛亮这样一个人物？

一思：诸葛亮"神"在哪里，"妙"在哪里？

这一问题的思辨，不仅通过《草船借箭》可以提取信息、总结提炼，还可以通过《三国演义》中其他故事提取信息、总结提炼。

通过一系列的总结提炼，活脱脱呈现一个智慧过人的神人形象。

二思：历史上真实的诸葛亮是怎样的？

这就必须要回到《三国志》的记载，还原一个真实的诸葛亮形象。再以其他历史著作为依据，得出诸葛亮的真实形象。诸葛亮是三国时期蜀国丞相，他有许多才能，如：军事才能，曾发明了木牛流马、孔明灯，并改造了连弩，可一弩十箭俱发；文学才能，留下了《出师表》《诫子书》等名篇。但诸葛亮在蜀国做丞相十多年时间里从未指挥过部队作战，也并没有神机妙算的事迹。

由此可见，"草船借箭""借东风""空城计"等许多故事都是《三国演义》虚构的。

三思：诸葛亮的形象是作者一个人塑造出来的吗？

诸葛亮"神机妙算、足智多谋"的完美形象是作者、读者和中国老百姓共同塑造的，因为中国传统文化推崇这样的理想人格，这样的人物形象也激励着中国人对智慧的追求。

这个观点回答了单元核心问题，也回到单元大概念——原因，最后形成了一个思维的闭环。

三思而后行：运用同样的学习方法，继续阅读《三国演义》中《关云长单刀赴会》等故事，分析关羽的人物形象是怎样被塑造出来的。

这是万物启蒙通过问思辨创造出的探究境界，是无愧于名著阅读单元编排目的的，由此，学生阅读由节选走向名著。

三、跨情境、跨文化、跨时空的突围境界

万物启蒙课程问思辨探究中有"三跨"，即跨情境、跨文化、跨时空再思辨，这"三跨"还属于大单元统整中对核心问题的推理验证。

还以上面《草船借箭》问思辨之"行"来接续学生的思辨。运用同样的学习方法，继续阅读《三国演义》中《关云长单刀赴会》等故事，分析关羽的人物形象是怎样塑造出来的。

这是一个跨情境的思辨，还是以"原因"为大概念，以"作者为什么要塑造这样一个人物"为核心问题，由诸葛亮迁移到关公，探究关公这个人物形象是怎样塑造出来的。

阅读原著中关于关羽的几个故事，就可以知道，关羽也是一个武艺超群、一身正气、忠贞不贰的完美人物。历史上真实的关羽是汉末三国名将，

他忠诚仁义、为人宽宏，留下了很好的名声，后世把他奉为关帝，在庙里供奉起来。

这个完美的形象和诸葛亮一样，都是作者、读者和老百姓共同塑造出来的，因为关公的忠诚仁义也是中国传统文化所推崇的人格形象。

至今，中国大地上许多地方都有武侯祠、关帝庙，也是这种文化追求的表现。所以，至今我们都很喜欢诸葛亮，喜欢关羽，这不只是历史的原因，还有《三国演义》这部名著对他们形象的再塑造，并经过一代代流传而妇孺皆知，成了中国人心中的集体偶像、文化标识。

这就是一种跨情境思辨，思辨清楚后，认知也就突围了。

再看看跨文化、跨时空是怎样实现的。

还以本单元《景阳冈》（《水浒传》节选）教学为例。武松是一个打虎英雄，一个好汉，这是学生读完《景阳冈》之后对这个形象的共同概括，也是中国老百姓的集体"口碑"。但是继续探究武松的形象，阅读原著中其他武松故事，就可知，他为了报仇雪恨，血洗鸳鸯楼，滥杀无辜，几乎杀红了眼。这种暴行该怎样注解英雄好汉形象呢？学生是矛盾的。

老师推出了一个人物一个故事：曼德拉，他原是非洲国民大会武装组织领袖，在领导反种族隔离运动中，被南非法院密谋定罪，被囚禁了27年。出狱后，他积极支持协调与协商，最终以他的努力结束了种族隔离制度，成为受世界尊重的南非第一位黑人总统，被尊称为"南非国父"。

这就是典型的跨文化、跨时空思辨，这两种跨越通过一个真实的材料激发学生思辨：这世界上，除了以暴力打抱不平，还有没有更好的办法？站在不同的文化背景下、不同的时空下，武松的行为和曼德拉的行为如何评价？他们的行为和因此带来的后果，给我们怎样的启示？

这样的思辨非常富有教育力量，震撼人心。如果不是在大概念大单元的课堂上，我们无法将学生推到如此宏大的问思辨交叉路口，逼迫学生实现三重突围：认知突围、情感突围、思想突围。

实践证明，只有突围一切局限，才可能让自己不被任何知识、观点、传统束缚羁绊，从而获得心灵的自由。这就是突围境界，是一种生命成长的境界。

第十节　启动大概念指向的语文教学

2017年，部编本教材统一使用，核心素养概念提出，中国学生核心素养图谱同时出台。自此以后，一线教师都在关注核心素养这个热频词，对比荷兰、美、英等国家，探索我国对学生核心素养定义的异同，思考核心素养目标与之前提的三维目标有什么不同。

通过梳理1949年以来我国历次颁布的义务教育语文教学大纲或课程标准的部分表述，我们看其中规定的教学目标有怎样的进阶。

1950年《小学语文课程暂行标准（草案）》

目标

一　使儿童通过以儿童文学为主要形式的普通语体文的学习、理解，能独立、顺利地欣赏民族的大众的文学，阅读通俗的报纸、杂志和科学书籍。

二　使儿童通过说话、写作的研究、练习，能正确地用普通话和语体文表达思想感情。

三　使儿童通过写字的研究、练习，能正确、迅速地书写正书和常用的行书。

四　使儿童通过普通话和语体文并联系各科的学习，能获得初步的自然史地常识，并具有爱国主义思想和国民公德。

这是起步，目光聚焦在个人身上，通过语文学习，获得阅读能力、表达能力、书写能力，获得常识和公德。总体来说，此标准要求并不高。

1963年《全日制小学语文教学大纲（草案）》

语文的重要性和语文教学的目的

（一）语文是学好各门知识和从事各种工作的基本工具。

"一个革命干部，必须能看能写，又有丰富的社会常识与自然常识……没有这个基础……虽然也能做某些工作，但要做得好是不可能的；虽然也能学到某些革命道理，但要学得好也是不可能的。"毛泽东同志为一九四二年延安出版的《文化课本》撰写的序。从毛泽东同志的这段话，我们可以认识到语文的重要性。不仅从事革命工作学习革命理论需要语文，参加生产劳动和在日常生活中也需要语文。有些人认为，语文差一点没关系，文理不通，写错别字，不是原则问题，这显然是不对的。

本次教材大纲将语文定义为各门知识、各种工作的基本工具，充分阐述了语文的重要性。

1978年《全日制十年制学校小学语文教学大纲（试行草案）》

教学目的和要求

小学语文教学必须高举毛主席的伟大旗帜，完整地准确地贯彻毛主席的思想体系，重视从小培养学生的无产阶级世界观。这个指导思想，要体现在整个小学语文教学之中。

小学语文教学的目的是培养学生识字、看书、作文的能力，初步培养准确、鲜明、生动的文风。

这是"文化大革命"结束后颁布的教学大纲，高考制度恢复了，目标一下子明朗了，思想和文风被作为语文教学的重点。此时，我国4亿人口中，有2亿3000万文盲，语文教学的任务很重。

1986年《全日制小学语文教学大纲》

小学语文是基础教育中的一门重要学科，不仅具有工具性，而且有很强的思想性，对于贯彻教育方针，促进学生德、智、体、美全面发展，适当加强劳动教育，培育有理想、有道德、有文化、有纪律的社会主义公民，提高全民族的思想道德和科学文化素质，建设社会主义物质文明和精神文明，有着重要意义。

1986年《全日制小学语文教学大纲》第一次对小学语文教学的性质有了一个完整的表述。

1988年《九年制义务教育全日制小学语文教学大纲（初审稿）》

小学语文教学要以辩证唯物主义为指导。教师要不断端正教学思想，正确处理语言文字训练和思想教育的关系，教和学的关系，传授知识和发展智力、培养能力的关系。要重视联系实际，激发学习兴趣，面向全体学生，注意因材施教，全面提高教学质量。

1988年《九年制义务教育全日制小学语文教学大纲（初审稿）》第一次对小学语文教学的方法做出了一个系统的建构指导。

2001年《义务教育语文课程标准》

一、课程性质与地位

语文是重要的交际工具，是人类文化的重要组成部分。工具性与人文性的统一，是语文课程的基本特点。语文课程应致力于学生语文素养的形成与发展。语文素养是学生学好其他课程的基础，也是学生全面发展和终身发展的基础。语文课程的多重功能和奠基作用，决定了它在九年义务教育阶段的重要地位。

二、课程基本理念

1. 全面提高学生的语文素养。

2. 正确把握语文教育的特点。

3. 积极倡导自主、合作、探究的学习方式。

4. 努力建设开放而有活力的语文课程。

……语文课程应该是开放而富有创新活力的。应当密切关注学生的发展和社会现实生活的变化，尽可能满足不同地区、不同学校、不同学生的需求，确立适应时代需要的课程目标，开发与之相适应的课程资源，形成相对稳定而又灵活的实施机制，不断地自我调节、更新发展。

2001年版课标对语文课程的认识整体上有了高度、宽度、深度、开放度的提升，第一次提出了教学改革的要求，提出了"语文素养"这个概念。这些表达都让我们感受到民族语言在思维逻辑、文化自信上前所未有的成熟、圆满、清晰、明朗。

2011年《义务教育语文课程标准》

一、课程性质

语文课程是一门学习语言文字运用的综合性、实践性课程。义务教育阶段的语文课程，应使学生初步学会运用祖国语言文字进行交流沟通，吸收古今中外优秀文化，提高思想文化修养，促进自身精神成长。工具性与人文性的统一，是语文课程的基本特点。

2011年，总结2001年课改10年的得失，修改调整了2001年版课标，落实的宗旨是为学科目标"减负"，补充中华优秀传统文化的成分，使学生德智体美劳全面发展，面向世界，面向未来。

2017年，随着普通高中语文课程标准的修订，中国学生核心素养体系出台，义务教育课程标准也在调适。如何在学科教学中落实学生核心素养，成为语文课程改革与发展的新目标。

2022年《义务教育语文课程标准》

一、课程性质

语文课程应引导学生热爱国家通用语言文字，在真实的语言运用情境中，通过积极的语言实践，积累语言经验，体会语言文字的特点和运用规律，培养语言文字运用能力；同时，发展思维能力、提升思维品质，形成自觉的审美意识，培养高雅的审美情趣，积淀丰厚的文化底蕴……

语文课程在推广普及国家通用语言文字、增强凝聚力、铸牢中华民族共同体意识、建立文化自信、培育时代新人、实现中华民族伟大复兴等方面具有不可替代的优势。

二、课程理念

1. 立足学生核心素养发展，充分发挥语文课程育人功能；
2. 构建语文学习任务群，注重课程的阶段性和发展性；
3. 突出课程内容的时代性和典范性，加强课程内容整合；
4. 增强课程实施的情境性和实践性，促进学习方式变革；
5. 倡导课程评价的过程性和整体性，重视评价的导向作用。

此次课标的颁布与中华民族伟大复兴的国家发展战略背景相适应，与培养担当民族复兴大业的人才发展战略相匹配。站位更高，目标更清晰，逻辑表述更严谨、更完整，从中可以看到一个更高水平的民族文化表达和教育理性。

纵观历次的课程标准、教学大纲可见，从 1949 年至今，语文课程的目的、标准、理念在不断探索中自我调节、更新发展，视野从关注本国、关注当下，到关注世界、关注未来。调节更新的依据有三点：一是国家发展战略；二是时代发展要求；三是民族文化取向。

厘清一个国家对基础教育语文教学目标和要求的进阶路线，我们才能更深层地理解语文基础教育的义务和责任、担当和使命。我国要走向现代化，人口的素质决定了十几亿人口是人力资源助力国家的发展，还是一个巨大的负担将会制约国家的发展，所以，提高中华民族的整体素质是时代赋予基础教育的重要责任。语文是一门综合性最强的基础学科，它该如何担当提升民族整体素质的责任呢？

实施大概念驱动的问思辨大单元统整教学就是当下语文教学的有效策略。

关于大概念的定义，国内外都有教育专家进行过专业理论性质的定义。这里，我们从一线教师实践过程中对它的感悟来定义。

大概念是超越学科小概念的思维罗盘，它可以驱动学科教学走向整合，可以定位一个教学单元的探究方向，实现深度学习。大概念引导学生从学科要素出发跨时空、跨文化、跨情境探究、思辨，建立认知的思维模型，具备可持续探究的解释力和迁移力，可以支持学生举一反三，解决新情境中的新问题。问思辨是大概念驱动大单元教学的思维路径。大概念从思维角度定位大单元的探究方向，与 2022 版课标提出的"大观念、大单元"形成方法论支撑。

大概念指向的语文教学究竟是怎样的一种教学呢？

1. 大概念定位大语文

怎样的语文是大语文？我们认为，从"文字"到"文学"到"文化"，从"知识"到"能力"到"素养"，实现学生思维品质发展、心灵意识成长、精神道德发育，这就是大语文，是一种把学生从逼仄狭窄的文本中带出来，走向真实生活，走向浩瀚文学，走向未来世界，走向人类思维意识的集体进化。

如：中国四大名著节选学习，大概念指向的核心问题是"小说为什么要塑造这样一个典型人物形象"，这就要从过去的人物形象分析中走出来，要去探究名著创作的历史背景、作者的心路历程以及他所处的社会集体心理，还可以探究中国传统文化自古至今所尊崇的精神，所弘扬的理念。这是一个可持续挖掘、探究的大问题。正如一部《红楼梦》马瑞芳可以研究60多年，中国的红学研究至今仍乐此不疲。我们引导学生的学习状态也是如此。经典之所以为经典，是因为它可以观照不同年龄的审美心理、不同时代的精神寄托、不同层次的心灵慰藉。

再比如：神话故事学习，大概念指向的核心问题是"古代先民为什么要创造这样的神话故事？如此神通、玄幻的神话故事究竟表达了古代先民什么样的认知、情感、愿望"。这也是一个具有延伸力、解释力和迁移价值的问题，学生一旦理解了这个大概念，不仅能解决新情境中遇到的新问题，还能通过大概念的迁移应用，解释与他们生活和生产实际密切相关的问题。遇事多问几个为什么，学会追溯原因，思维意识就会进化，悟性也会开化。

2. 大概念定向长周期

大概念指向的问题探究，基于一篇文章，拓展多篇文章寻找证据，探究规律，习得一种思维方法，应用于整本书阅读，进行系统的探究，是归根结底的探究，因此是一个长周期探索，是指向学生求学的全过程乃至终身学习过程的。这印证一句教育领域的至理名言：教育不是急功近利的事情，教育的结果往往在十几年乃至几十年以后才能显现。

3. 大概念开放大视野

由中国名著连接外国名著，由东方神话连接西方神话，由近代童话故事连接现代童话故事再到当代童话故事，其中共同的东西是什么，这个共同的东西昭示了一种怎样的关系？不同的东西是什么，不同的原因是什么？

这是思维，是文化，思维的文化就是哲学，哲学有深浅、无难易，不同年龄段的人有不同的理解，儿童有儿童的理解。因此，在儿童时期，就应该开始进行这样的思维启蒙和文化启蒙，从而让他们受益终身。

4. 大概念开放成人的大胸怀、大格局

在大概念问思辨面前，教师要承认自己的认知局限，承认自己的思维缺陷，要让开大路给儿童，开辟通道给儿童，要把话语权交给儿童。放下权威，放下经验，放下过去的知识，哪怕是那些曾经给自己带来成功与荣誉的知识都要舍得放下，尊重当下的儿童，让位儿童的思维意识、情感态度、审美创造，彰显当代教师成就后代的大胸怀、大格局。

5. 大概念削枝蔓、立主干，消除无效学习

教师在大概念大单元统整中，要懂得削枝蔓、立主干，引导学生建立知识结构，习得思想方法，让学生的认知形成思维系统。

削枝蔓，意味着做减法，让学生获取种子知识、基因知识、核心知识，将大量的知识聚合成少量的普适性认识，可以迁移应用。立主干，意味着做除法，引导学生获得规律、原理、趋势、道德，知道自己该怎么持续学习。

6. 大概念让语文教学借力信息技术步入高阶

只有在信息技术时代，我们方可以全面推行大概念教学。利用信息技术工具、手段，围绕一个核心问题跨时空、跨文化、跨情境地进行探究，应用信息技术工具、手段，将音频、视频、影像资源、文本资源瞬时展示在学生面前，支持学生进行对比分析、推理验证，经由问思辨达成自我认知。这超越了碎片化知识积累，教师成为组织者、服务者，学生成为学习者、探究者，从低阶问题经过实践到验证再到高阶问题……一轮又一轮螺旋上升的问思辨，建构学生自主进步的阶梯。这也是课程改革20多年的理想——建设灵活、开放而又充满活力的语文课堂。

参考文献

[1] 林恩·埃里克森，洛伊斯·兰宁. 以概念为本的课程与教学：培养核心素养的绝佳实践［M］. 鲁效孔，译. 上海：华东师范大学出版社，2018

[2] 钱锋. 重读经典课文［M］. 济南：济南出版社，2016

[3] 金一南. 历史追寻之旅［M］. 武汉：长江文艺出版社，2015

[4]《小学语文课程暂行标准（草案）》，1950年

[5]《全日制小学语文教学大纲（草案）》，1963年

[6]《小学语文教学大纲（试行草案）》，1978年

[7]《全日制小学语文教学大纲》，1986年

[8]《九年制义务教育全日制小学语文教学大纲（初审稿）》，1988年

[9]《义务教育语文课程标准》，2001年

[10]《义务教育语文课程标准》，2011年

[11]《义务教育语文课程标准》，2022年